华夏文库·儒学书系

内圣外王

修己安人

隋思喜 著

大地传媒　中州古籍出版社

《华夏文库》发凡

毫无疑问，每一个时代都有属于自己时代的精神追求、文化叩问与出版理想。我们不禁要问，在 21 世纪初叶，在全球文明交融的今天，在信息文明的发轫初期，作为一个中国出版人，我们正在或者将要追求什么？我们能够成就或奉献什么？我们以何种方式参与全球化时代的文化传播进程？在一连串的追问下，于是，有了这套《华夏文库》的出版。

自信才能交融。世界各大文明在坚守自身文化个性的同时，不约而同地加快了探视其他文化精神内涵的步伐，世界不同文明正在朝着了解、交流、碰撞、借鉴与融合的方向前进。在此背景下，建立自身的文化自信，正是与世界各文明民族进行文化交流的基本要求。五千年中华文明与文化正在不断地被其他文明所发现、所挖掘、所认知，汉语言正在生长为世界语言，儒文化正在世界各地生根发芽。

借助这样一种正在成长着的文化自信、自觉、开放、亲和之力，用我们这个时代的学术眼光全面系统梳理中华五千年的文明与文化，向其他各大文明与文化圈正面展示自我，让中华优秀文化成为世界文化的重要组成部分，正是我们出版这套文库的目的之一。此其一。

知己才能知彼。身处五千年文化浸润的今天，重新思考我们先人的人生思考、价值思考与哲学思考，找到一个民族、一个国家的价值所在、立命所在、安身所在，这已经是我们这个时代的学人与出版人不得不再思考的问题。作为中华文明的一分子，我们在思考的同时，还必须了解我们的先人创造了如何优秀的精神文明与物质文明以及社会文明。只有熟知自己的文化，热爱自己的文化，悟明自己的文化，我们才能宣说自己、弘扬自己、光大自己。因此，我们策划组织这套《华夏文库》的初衷，还在于让当下的知识青年全面系统瞭望中华文明与文化的全景，并借此能够对更为深广的世界各民族文化提供一个比较认知的基础。此其二。

顺势才能有为。我们正处在农耕文明、工业文明、信息文明的交汇处，信息文明带领我们从读纸时代进入读屏时代，以智能手机屏幕为代表的书籍呈现方式正在与纸质书籍争夺阅读时间与空间。我们正在领悟数字技术，正在以信息文明的视角，去整理、分析和研究农耕文明与工业文明的文化遗产，不仅仅是为了唤醒优秀的传统文化，我们还在生发和原创着当今时代的文化。由此，我们试图架起一座桥梁——由纸质呈现而数字呈现，由数字呈现而纸质呈现，以多媒介的书籍呈现方式，将文字、图像、声音与视频四者结合，共同筑成《华夏文库》以奉献给信息文明时代的新读者。此其三。

总之，这是一套——专家大家名家写小书；以最小的阅读单元，原创撰写中华精神文化、物质文化与社会文明系列主题与专题；以图文、音视频多媒介呈现的方式，全面介绍与传播中华文明与优秀文化，系统普及与推介中华文明与文化知识；主旨是为了让世界与中国共同了解中国的——大型丛书，借此，复兴文化，唤起精神，融入世界。

耿相新
2013 年 6 月 27 日

目 录

一 修己安人
——儒家式的自我之圆成

1 何谓"修己安人"?
　——从师徒间的一场问答谈起 ………………… 2
2 学着认识自己 ………………………………………… 5
3 人者,仁也 …………………………………………… 7

二 从"修己安人"到"内圣外王"

1 "修己安人"即是"内圣外王" ………………… 10
2 合内外之道以成人 ………………………………… 13

三 忠恕之道
——修己安人的黄金法则

1 在忠恕之间求中道 …………………………… 17

2 实现自我的忠道原则 ………………………… 19

3 成就他人的恕道原则 ………………………… 22

四 内圣修己何以可能

1 成圣需要求诸己 ……………………………… 27

2 孟子与荀子的成圣思路 ……………………… 30

3 在发现天命中变化气质 ……………………… 34

五 走上内圣之路的内因功夫

1 立志好学 ……………………………………… 39

2 明诚尽性 ……………………………………… 43

3 无欲主静 ……………………………………… 47

4 慎独自省 ……………………………………… 53

5 涵养用敬 ……………………………………… 57

6　治气养心 62

六　走上内圣之路的外缘助力

　　1　选择好环境 69

　　2　求良师 73

　　3　择益友 81

七　由"修己"走向"安人"

　　1　安人之道的"三纲领" 88

　　2　安人之路始于和睦家庭 93

　　3　家国同构的中国式管理智慧 96

八　治国平天下的基本方略

　　1　为政以正 102

　　2　仁民济众 107

　　3　尊贤使能 115

　　4　隆礼重法尚乐 121

九　君子理想与圣人气象

1　夫子眼中的"君子"形象 ················ 128

2　知、仁、勇
　　——趋向君子的三达德 ················ 132

3　人皆可以至圣人 ················ 135

小知识目录

三不朽 ······································ 12
历史上做到"三不朽"的两个半完人 ······· 15
程颐说读《论语》、《孟子》法 ············· 33
先贤论成圣 ································ 36
曾国藩修身的日课十三条 ·················· 61
《红楼梦》中的气质之论 ·················· 66
天地君亲师的来历 ························ 77
曾国藩识人有术 ·························· 120

一 修己安人
——儒家式的自我之圆成

对我们来说,什么最重要?不同的人会有不同的答案。对于西方哲人来说,"认识你自己"这句刻在德尔斐的阿波罗神庙上的箴言也许就是最好的回答。对于他们来说,"认识自我"乃是哲学探究的最高目的。对于中国哲人来说,儒家经典《大学》中那句"自天子以至于庶人,壹是皆以修身为本"或许会成为首要的选择,一个"修"字突出的是"实现自我"这一终极目标,事实上,儒家的"修身"主张已内蕴了西方哲人"认识自我"的要求,因为认识自我乃是实现自我的第一条件。

1. 何谓"修己安人"？
——从师徒间的一场问答谈起

人应该如何实现自我？在儒家那里，他们强调的是一种自我的内外之"圆成"，就是既实现了个体自我内在的超越进步，又实现了外在社会整体的和谐有序，这是自孔子以来的儒者所一以贯之的思想，被概括为"修己安人"。

"修己安人"的提出来自于孔子和弟子子路的一段关于如何是"君子"的问答：

> 子路问君子。子曰："修己以敬。"曰："如斯而已乎？"曰："修己以人。"曰："如斯而已乎？"曰："修己以安百姓。修己以安百姓，尧舜其犹病诸？"

这一问答意涵丰富，实际上已经包含了儒家修身之学的诸多内容，需要我们细细体会。

首先人们会问：作为一种实现自我的修身之学，它所要成就的最

《子路问津》
仲由（公元前542~前480年），字子路，又称季路，春秋时期鲁国卞邑（今山东）人，孔子得意弟子之一

终目标是什么？孔子曾告诫他的学生子夏说："你应该做一名君子儒，而不要成为一名小人儒。"这不仅是对子夏一个人的鼓励和要求，更是对孔门弟子及其后来儒者的殷切期望，所以子路便以成为儒门中的君子来要求自己。成为君子，这是儒家修身主张所要实现的目标，子路问君子正是因为他清楚地知道了这一点。

所以在明了这一目标之后，必然就要问如何才能够成就君子，事实上也正是所有有志于君子的人想向孔子请教的问题。如何是君子？面对子路之问，孔子回答说"修己以敬"，意思是说修养自己，在立身处世和管理政事等方面都要保持严肃恭敬、认真对待的态度。朱熹在解读这一段问答时说："'修己以敬'，夫子之言至矣尽矣，而子路少之。"也就是说，在朱熹看来，孔子说"修己以敬"本身就已经完整地告诉了子路什么是君子以及如何成为君子，但是子路没有真正领会，所以就有了"难道就是这样吗"的进一步追问。孔子便循循善诱，告诉子路，修养自己从而使自己周围的人能够安乐，进而能够使所有的人都获得安乐，这便是君子。从修己、安人到安百姓，层层递进中，孔子告诉了我们成就君子应该遵循的基本途径，事实上这也就是《大学》中所概括的修身、齐家、治国、平天下的"大学之道"，这是古人为学的阶梯次序，孔子在这里告诉了我们一个君子成就自我需要遵循的简明公式。其中，修己是安人的开始，更是安人的基础，而安人则是修己的外在诉求和客观实现。

2. 学着认识自己

公式虽然简单，但每一步的实现却不容易。孔子说修养自己并使所有人得到安乐，连尧舜这样的圣王也不容易做到，更何况一般人。因此，对于我们这些立志要通过修己安人的途径而实现圆满自我的修行者而言，知道修行的途径固然重要，但如何能在这条修行的道路上坚持下去，不放弃自己的坚守则更加难能可贵。所以，关键在于一个"学"字，孔子就非常强调持之以恒的学习态度，《论语》首章即讲"学而时习之"的为学精神，而孔子的一生，也是"学而不厌，诲人不倦"的一生。他好学、乐学，正如他自己说的"发愤忘食，乐以忘忧，不知老之将至"，学习与他的生命相始终。受孔子教诲，孔门后学都以刻苦学习作为实现修己安人理想的必要态度，孟子如是，荀子亦如是。如荀子其书首先即作《劝学》一篇，提出"学习是不可以停止"的观点，劝勉人们勤奋学习，不可堕止。

历代儒者中往往不乏刻苦学习的典范，明代大儒王阳明就是其中的佼佼者。据说有一天，王阳明从书上看到了"格物致知"这句话，谈到了从研究客观事物当中能够获取知识的观点。于是王阳明就想通过"格"竹子来弄明白竹子的道理，从而获得关于竹子的生长规律等知识。在王阳明的书院里正好有一片翠绿的竹林，于是他便坐在竹林前静静地看着竹子，神情专注，两眼一眨不眨地盯着竹子，一定要搞清楚竹子是怎么回事。如是过了一天、两天、三天……直到第六天，他一动不动，看得脸色苍白，摇摇欲坠，家人劝他回屋休息，都被他拒绝。到了第七天，王阳明终于病倒了。虽然到最后他也没有悟通竹子的道理，但却悟出了这样一个道理：于事事物物上追求具体的知识是错误的，知识不能从研究客观事物中得来。他断言，万事万物之理不在于吾心之外，而在于吾心之中，格物致知的工夫需要从人心上做，"心明便是天理"，反对朱熹理学的"支离事业"，倡导易简工夫的心学。可见，发愤忘食的好学精神是古今如一的。

然而学习也不是无目的的，"学而不思则罔"，我们需要明确学习的目标。对于儒家来说，所谓"学"，简单地说就是学做人。而要学做人，首先就要认识人，因为在儒者看来，人是所有生命中最尊贵的。荀子就这样说过："水火有气而无生，草木有生而无知，禽兽有知而无义；人有气，有生，有知，亦且有义，故最为天下贵也。"意思是说，水和火是气构成的，但是没有生命；草木有生命但是没有智慧；动物有智慧但是不讲仁义道德；人则是由气构成，有生命，有智慧，也讲仁义道德，所以是天地间最尊贵的。《论语》中有这样一个故事，马棚失火，孔子退朝后，有人向他禀报，孔子急问"伤人没有"，而不问马，可见孔子就是讲天地之间人为贵的。正因为儒者把人看作是最可贵者，所以孔子才说不害怕别人不知道自己，而害怕自己不知道人。这里的"人"，既指自己，也指别人。

按照儒家"人同此心，心同此理"的原则，认识了自我也就认识了全体，所以，"认识你自己"，便是全部学习的基础，也是实践修己安人思想的出发点。

3. 人者，仁也

那么，在儒者看来，"人"应该是什么样的？现实的人又是怎样的一种存在状态？人者，仁也，这是儒家对人本质的规定。修己的最终目标是回到"仁"，孔子说人需要通过克己复礼的修养以回归仁的真实状态，一个人如果不具备"仁"的品质，那么即使他精通礼仪和音乐也没有任何价值和意义，所以我们要把"仁"作为自己的安身立命之本，作为自己事业的成就之方。而安人的出发点恰恰也是"仁"，唯有仁者能立人，能达人，所谓"己欲立而立人，己欲达而达人"，这便是孔子对仁者品质的基本规定。

"仁"的基本涵义是什么？樊迟也这么问过，孔子回答说："爱人。""爱"被孔子赋予了普遍意义，规定了人应该是或者说应该成为一个什么样的人。从孝敬父母、友爱兄弟开始，凡是有人群的地方，人与人之间都应该相亲相爱，互相扶持，和睦共处，这样社会才能安定与和谐，人类群体才能繁衍与发展。孔子循循善诱，告诫世人，人人都有爱人的品质，人人都可以通过修身而复归到仁者的真实状态，无怪乎人们会说"孔门之学，求仁之学也"。

对于现实生活中的人来说,"仁"是我们必须努力的方向。现实的人往往具有种种缺陷不足,或贪慕虚荣,或自私自利,或虚伪,或懒惰,或没有责任感。无论是主张人性善的孟子,还是倡导人性恶的荀子,都看到了现实人所具有的种种缺点,但他们仍相信人人都可以通过努力的修行而成为尧舜一样的圣人。只不过要实现这一点,不是简简单单就可以的,需要我们付出艰苦卓绝的努力。现代儒者蔡仁厚先生就说:"孔子以'仁'立教,告诉我们'为仁由己','我欲仁,斯仁至矣'。经过孔子的这一步点醒,才引发了人的自觉,使人能够主动自发地来决定人生的方向,完成生命的价值,因而开出了一条'人人皆可以践仁成圣'的大路。"

二 从『修己安人』到『内圣外王』

人的生命是有限的,但有限的自我却可以成就无限的可能性,所以儒者才强调在修己安人的日常生活实践中实现自我的圆成。个体的圆满不是真正的圆满,圆满的人生还需要担当起社会的责任,这便是儒家"修己安人"的中心意思。

1. "修己安人"即是"内圣外王"

修己,是通过学习古典知识和礼仪,来提高自己的道德与人文素养的自我实现;安人,是自己以高尚的德行教化与感染他人,使之共同走向善道的他人之自我实现。他人的自我实现是与"我"之实现紧密联系在一起的,是我之价值在社会群体中的具体落实和真正展现。

所以,修己安人的思想往往也被称为"内圣外王":所谓"内圣",指的是个人的道德实践目标,通过修身使自己的德性提高成为圣人,修己的最终目标便是内圣;所谓"外王",指的是个人的社会政治活动目标,修身有成的君子应该参与到经邦治世的社会活动中,通过治人而实现王道政治,安人的最高境界便是王道仁政。用现代的话来说,前者指的是改造自我,后者强调的是改造世界。

孔子提出的"修己安人"思想,在后来儒学的发展中往往被概括为"内圣外王",并被学者奉为圭臬,尤其是宋明以后的儒者,往往把内圣外王之学看作是孔子学说的全部。作为儒家核心思想之一,"内圣外王"这一概念并不是孔子直接提出的,而是由道家代表人物之一的庄子首先提出。《庄子·天下篇》说:"是故内圣外王之道,暗而

"内圣外王"匾额
河南洛阳北宋理学家邵雍祠堂

不明,郁而不发,天下之人各为其所欲焉,以自为方。"这是"内圣外王"概念的首次提出,因其思想内涵与孔子在《大学》篇中所提到的"大学之道,在明明德,在亲民,在止于至善"相吻合,因而被视为是对儒家修己安人思想的完美诠释。

就"内圣外王"的基本内涵而言,则具体体现在《大学》所确立的"八条目"之中。"八条目"指的是格物、致知、诚意、正心、修身、齐家、治国、平天下等八个步骤,历来被视为是实现儒家"内圣外王"的基本途径。其中,格物致知、诚意正心是修身的具体途径,是儒家的内圣之业,而齐家、治国、平天下则被视为外王事功之业。

小知识◎三不朽

儒家评价一个人的历史功绩有"三不朽"的说法。这一说法出自《左传》。

据《左传》记载,春秋鲁国大夫叔孙豹说:"太上有立德,其次有立功,其次有立言,虽久不废,此之谓三不朽。"

2. 合内外之道以成人

梁启超曾说过:"'内圣外王之道'一语,包举中国学术之全部。"尽管这个词不是儒家发明的,但概括了儒家的基本精神,所以被儒家学者采纳,用来表述孔子"修己安人"的思想。最早使用这一词的可能是宋代理学家程颢。据《宋史·邵雍传》记载:

> 雍高明英迈,迥出千古,而坦夷浑厚,不见圭角,是以清而不激,和而不流,人与交久,益尊信之。河南程颢初侍其父识雍,论议终日,退而叹曰:"尧夫,内圣外王之学也。"

近代学者如康有为、梁启超等往往以"内圣外王"概括儒家精神。康有为说:"孔子之道,内圣外王,原合表里粗精而一之。"梁启超也说,儒家学问的最高目的可以用"内圣外王"一语来概括。修己的工夫做到极处,就是内圣;安人的工夫做到极处,就是外王。而现代新儒家在概括儒家精神时,也是以"内圣外王"表明之。熊十力赞扬孔子"承乎泰古以来圣明之绪,而集大成,开内圣外王一贯之鸿宗"。到了牟宗三那里，更以"内圣外王"概括儒家的全部学问，并以"内圣"和"外王"为线索，揭示儒家学说的历史发展及其未来走向，"内圣开出新外王"几乎成为现代新儒家的标签。

内圣与外王构成了整个儒家思想的主体框架，如车之两轮、鸟之双翼，不可偏废，需要在一个人身上得到实现，正如明代学者吕坤所说："天德王道不是两事，内圣外王不是两人。"外王事业的成就以成就内圣为前提，这便是孔子告诉子路首先要"修己以敬"的原因所在。历朝历代的儒家名臣虽然都在积极地践行着经邦济世安民的外王功业，但却都把提升个人的道德水平看作头等大事，很多人在幼年时就立志做圣贤。

王阳明12岁时问塾师：什么是第一等事？

塾师说：只有读书考中科举而已。

王阳明却说：考取科举恐怕还不是第一等事，第一等事是读书学做圣贤吧！

明末大儒王夫之说："有豪杰而不是圣贤者矣，未有圣贤而不豪杰者也。"青年时期的毛泽东，受儒家"内圣外王"之道影响很深，他在引用王夫之的这句话后写道："圣贤，德业俱全者；豪杰，歉于品德，而有大功大名者。拿翁，豪杰也，而非圣贤。"拿翁，就是建立了法兰西第一帝国的拿破仑，他南征北战，曾经征服和占领过西欧和中欧的广大领土，可以说在外王事功方面取得了巨大的成就，可这样的人按照儒家"内圣外王"之道来衡量，也只能算是豪杰，而非圣贤。圣贤，不仅需建立丰功伟绩，还需道德能为万世之楷模。

小知识◎历史上做到"三不朽"的两个半完人

有这么一种说法,历史上能做到"三不朽"的只有两个半人,两个人指孔子和王阳明,半个算曾国藩。

孔子 相传孔子曾修《诗》、《书》,订《礼》、《乐》,序《周易》,撰《春秋》。他在世时已被誉为"天纵之圣"、"天之木铎"、"千古圣人",后人尊称他为"至圣先师,万世师表"。

王阳明 人称王阳明是"治学之名儒,治世之能臣",史称其为"明第一流人物,立德、立功、立言皆居绝顶"。他的故居瑞云楼明间前檐柱的楹联为"立德立功立言真三不朽,明理明知明教乃万人师",内檐柱的檐联为"曾将大学垂名教,尚有高楼揭瑞云",横批"真三不朽"。

曾国藩 曾国藩是晚清赫赫有名的人物。他打败太平天国,保住了大清江山,是清朝的"救命恩人";他倡导洋务运动,主张"师夷长技以自强",学习西方文化,使晚清出现了"同治中兴";他克己唯严,崇尚气节,标榜道德,身体力行,获得上下一致的拥戴;他的学问兼收并蓄,博大精深,是近代儒家宗师。梁启超等人都曾把他作为人格偶像来崇拜。有人用对联总结曾国藩的一生:"立德立功立言三不朽,为师为将为相一完人。"

曾国藩像
曾国藩是中国近代历史上最有影响的人物之一,有评论者说,他是中国古代历史上的最后一人,近代历史上的第一人

三 忠恕之道
——修己安人的黄金法则

儒家告诉我们应该在修己与安人中成就自我价值与人生，为了实现这一点，孔子提出了著名的黄金法则——忠恕之道。

1. 在忠恕之间求中道

1993年9月，由6 500多名世界各大宗教领袖组成的世界宗教议会在美国芝加哥隆重召开，会议通过了《走向全球伦理宣言》。这份宣言在历数了当今世界上各种人为的苦难之后指出，没有一种全球伦理，便没有更好的全球秩序。《宣言》从世界各大宗教和文化的道德准则中提出了全人类都应当遵守的一项基本要求：每个人都应受到符合人性的对待。为此，《宣言》中提出了若干全世界人民，包括不同宗教和伦理传统内容的信奉者和外部的所有人民都应该遵守的黄金法则，其中一条重要的黄金法则就是"己所不欲，勿施于人"。这条来自孔夫子的教诲被《宣言》赋予了很高的地位，认为"己所不欲，勿施于人"以及它的肯定性措辞，即"你希望人怎样待你，你也要怎样待人"，应当在所有的生活领域中成为不可取消的和无条件的规则。

"己所不欲，勿施于人"代表了孔子一以贯之的道理。孔子说自己的学问始终贯穿着一个基本原则，学生曾参将其概括为"夫子之道，忠恕而已"，也就是说老师孔子这一生，做人做事的根本出发点，就是忠恕二字。什么是忠恕？朱熹在《四书集注》中解释得最为简明扼要："尽己之谓忠，推己之谓恕。"按照朱熹的解释，忠与恕代表了人努力的两条道路:"忠"代表了内在的内圣修己之学,号召人应该通过持之不懈的努力学习来精进自己的修养,圆满自己的德性;"恕"则代表了外在的外王安人之学,主张将心比心,推己及人,我所拥有的良好品质或美好事物也希望别人能够拥有,我所厌恶和远离的不良道德或恶劣事物也希望别人能够远离。

为人处事之道,实际上就是如何对待自己以及如何对待他人的问题,如果说"忠"是对自我的审视和塑造的话,那"恕"便是对他人与社会的责任与担当。简单来说,"忠"意味着修己一面的自我高尚人格之成就,而"恕"则意味着安人一面的社会全体和谐有序之建构,由此,忠恕之道规定了儒家立身处世的基本原则,构成了儒家修己安人思想得以实现的黄金法则。

尽管"忠"与"恕"分别代表了尽己与推人两条不同的修养路向,但它们不是割裂的,而是一体之两面。忠是恕得以实现的德性基础,恕是忠得以确立的表现形式。没有尽己之忠,也就没有推己及人的恕;而没有推己之恕,所谓的尽己之忠往往也只是一句空话,因为若没有任何现实践履的话,就无法衡量一个人是否真正做到了忠。所以在忠恕之间,孔子进一步强调恕道。

《论语·卫灵公》记载,子贡问自己的老师:"有什么话是可以终身奉行的吗?"孔子回答说:"那应该就是恕了。己所不欲,勿施于人。"这不意味着孔子不重视尽己之忠。事实上,孔子把尽己之忠看作是实现恕道的前提和基础,主张正人要先正己,正如朱熹所说的,有善于己的,然后才可以责人之善;无恶于己的,然后才可以正人之恶。只有自己先做到了善,然后才可以要求别人向善;只有自己去掉了恶,然后才可以纠正别人之恶。没有自我的实现,也就没有所谓的实现他人,所以一切皆以修身为本。

2. 实现自我的忠道原则

自我之忠的实现首先要求的是自我意识的觉醒，在孔子看来，所谓尽己就是实现己身的仁，而为仁是由己不由人的。换句话说，是否做一个仁人并不是别人告诉了你之后就能够实现的，关键在于你自己的内心是否准备好了要做到仁。只有自己觉醒了仁的意识，并自觉努力地地行，才有可能成就仁，所以孔子才会说"我欲仁，斯仁至矣"，《中庸》也说"修身以道，修道以仁"。儒家强调的就是这样一种"为己之学"，以个人为出发点，也以个人为归宿，因此，道德说到底就是个人的自我完善，所以道德实践需要以个人的道德自觉为基础，这种道德自觉在孟子那里称之为"自得"，他说："君子深造之以道，欲其自得之也。自得之，则居之安；居之安，则资之深；资之深，则取之左右逢其原，故君子欲其自得之也。"

孔子之所以强调自我实现在成就他人过程中的基础作用，原因在于他认为唯有仁者能好人，能恶人，也唯有仁者己立而能立人，己达而能达人。实际上，我们在与他人的交往中，始终会有一种以自我为标准衡量他人的评价尺度，往往会以自己的私心好恶来评判他人。符合我们审美标准的,我们称之曰"美",不符合的我们称之为"丑",而美丑往往是以我的观念为转移的,所以出于私心或偏好,评判往往容易失之公正。

"以言取人,失之宰予;以貌取人,失之子羽。"这说的就是只根据话语外貌来判断一个人品质能力的好坏往往流于偏颇。这个典故出自《史记·仲尼弟子列传》,说的是孔子弟子中有一个叫宰予的,能说会道,利口善辩。起初,他给孔子的印象非常好,但后来却渐渐露出了真相:既无仁德又十分懒惰,大白天不读书听讲,躺在床上睡大觉。为此,孔子愤而骂他是"朽木不可雕也"。另一个弟子叫澹台灭明,字子羽,比孔子小了39岁。他体态和相貌很丑陋,想要就学于孔子门下,事奉孔子。孔子开始认为他资质低下,不会成材。但他从师学习以后,就致力于修身实践,处事光明正大,从不走邪路,也不谄媚权贵,如果不是为了公事,从不去会见公卿大夫。后来,子羽游历到长江,跟随他的弟子有300人,声誉很高,各诸侯国都传颂着他的美名。孔子听说了这件事,感慨地说:"我只凭言辞判断人品质能力的好坏,结果对宰予的判断就错了;我只凭相貌判断人品质能力的好坏,结果对子羽的判断错了。"连孔子都有看错人的时候,更何况一般人。如果我们怀着私心去评判他人,并以此作为推己及人的基础,那么就会差之毫厘而谬以千里。只有先以公正心认清他人,我们才能正确地对待他人,帮助他人。

唯有仁者无私心,所以能好恶也。也唯有仁者无私心,所以能真正爱人。要实现由忠到恕,其基础则是一种"爱人如己"的德性精神,孟子将这种爱人精神概括为"老吾老以及人之老,幼吾幼以及人之幼"。我们往往说儒家之爱是差等之爱,所以才有了墨子以兼爱立论而进行的批评。事实上,所谓爱有差等,并不是说爱的情感具有厚薄高低之差别，而是说爱的情感须遵循着由家人到家族、到朋友，再到社会这样的阶梯次序而逐步展现，所以具有亲疏远近之不同。这样的一种爱恰恰是人的自然情感的真实流露。我们知道，在平静的湖面投下一颗石子，会出现一波波的涟漪，并以同心圆的形式逐渐向外扩展，而我们的爱就如同投入社会这个大湖的石子，最初的涟漪是我们与父母、兄弟、姐妹之间的爱，其次是与亲朋好友之间的爱，再往外就是对社会、国家的爱，虽然爱的对象有所不同，但爱的本质是没有任何差别的。

3. 成就他人的恕道原则

孔子主张把成人成物的恕道看作是需要终生奉行的道德原则，在他那里，恕道包括两种原则：消极的恕道和积极的恕道。

消极的恕道原则是"己所不欲，勿施于人"，说的是人在意志上不受他人强制，在行为上不受他人干涉，处于一种免于强制和干涉的自由境界，用孔门弟子子贡的话说就是"我不欲人之加诸我也，我亦欲无加诸人"，而在程颐看来，这就是"仁道"。

正如孟子所说的，每一个人内心深处都有追求美好德性的良知良能，我只要能够发现并复归己心深处的良知良能，就可以成为尧舜一样的圣人，别人的毁誉是无法改变我的信心的，这是对人性最大的尊重。孔子就十分强调这一原则，原因就在于这一原则首先承认了人在德性问题上的平等性，以及能够实现自我的自强精神，肯定了个体的人格尊严和主体独立意志不受侵犯，不容亵渎，所谓"天行健，君子以自强不息"激励的就是这样一种肯定每一个人自我能动精神的意识。

这种不随意强制干涉他人的人生原则在孔子的一生中处处体现着，如他对学生进行有教无类式的教育，鼓励学生发展自己喜欢的事业，顺从自然人性的发展，追求不同的人生境界等。他的弟子宰予不愿意行"三年之丧"，主张改为"一年之丧"，尽管孔子很不认同他的看法，但并没有强迫宰予一定要守三年之丧，而是说只要你自己心安理得就可以做。可见在孔子看来，即便有通行的社会道德规范，个人的道德行为最终还是要靠他自己作出选择，关键取决于他自己内心的"安"与"不安"，取决于个人的道德自觉和自律，别人无法强迫，也不可以强迫。

而积极的恕道原则是"己欲立而立人，己欲达而达人"，这是一种人在主动意义上的积极有为，即作为主体的人遵从了自由的意志，想将自己所做的决定和选择施加于他人身上，希望他人和自己一样：自己选择仁义，也劝说他人追寻仁义；自己遵从礼乐规范，也劝说他人遵从礼乐规范；自己好学，也鼓励他人向学不已……张载说："为天地立心，为生民立命，为往圣继绝学，为万世开太平。"这般豪言壮语正是立己立人的忠恕之道的具体体现。

观孔子一生，在德行修养方面他可为万世之师表，孟子就这样评价说："出于其类，拔乎其萃，自生民以来，未有盛于

程颐像
程颐（1033～1107年），字正叔，北宋洛阳伊川人，人称伊川先生，程朱理学创始人。为程颢之胞弟，世称"小程子"，二人共创"洛学"，为理学奠定了基础

张载像
张载（1020～1078年），字子厚，北宋大梁（今河南开封）人，理学支脉"关学"创始人，与周敦颐、邵雍、程颢、程颐合称"北宋五子"

孔子也。""出类拔萃"这个成语就是用来形容孔子的高远德行的。但他仍然拖着老迈的身躯,明知不可为却努力为之,希望将自己体悟出来的仁义德性推广到全社会,希望将其济世救民的伟大抱负付诸实践,为此即使受到别人的误解,被看作是"丧家之犬",即使深陷险地性命不保也在所不惜。孔子周游列国的行为正是他在践行"己欲立而立人,己欲达而达人"这一恕道原则的最好证明。

事实上,在儒者看来,积极的恕道原则并不是单纯的付出,也会收获相应的回报,尽管付出的人并不要求这种回报,所以孟子才会说"乐民之乐者,民亦乐其乐;忧民之忧者,民亦忧其忧"。简单来说,就是我帮助了别人,别人也会帮助我,我给别人以快乐,别人也会给我以快乐。积极的恕道原则同样告诉我们:你希望从别人那里获得什么,那就需要你首先给别人什么,所以孔子才会告诫弟子要"以德报德,以直报怨"。孔子当然不赞成永远以一种恶意,一种怨恨,一种报复去面对别人的不道德,因为那样的话这个社会将会出现恶性循环,无休无止。但孔子也不赞成以德报怨,你奉献出太多的恩惠、太多的慈悲,用不值得的仁厚和付出去面对没有是非标准、恩将仇报的人和事,那样的话,我们是在鼓励人性的丑陋与社会的险恶。

总的来看,积极的恕道肯定的是作为全体大我之人的普遍性与共性,所以是一种鼓励,旨在振奋他人追求那种全体人类共同拥有的美好德性与价值。这一恕道原则依赖的理论基础是所谓的"人同此心,心同此理"。此心此理即是天命之流行,是人之所以为人的普遍规定性,所以人人同一,那么我所能够成就的自然也可以成就别人。

而消极的恕道肯定的是作为个体的人的独立性与自由,所以是一种尊重,强调的是我没有对他人的意愿形成强制干涉,他人的行为没有受到别人的约束和操控,能够自由地选择。这一恕道原则依赖的理论基础是个体作为一个活泼泼的生命所具有的自我意志,以及在生命成长过程中所导致的具体差异。人的自我意志如何体现?能够自由地选择便是最好的说明。因此,每一个人依据自己的良知良能和本心本性作出道德是非的判断和选择,乃是个人天赋权利,任何他人和组织都无权剥夺,这就是儒家所谓的"匹夫不可夺志"。这里所谓的匹夫之志,指的就是个人的独立意志,是人的尊严和自由意志的体现,是不容被剥夺的。也就是孟子所谓的"大丈夫"精神,是"富贵不能淫,贫贱不能移,威武不能屈"的道德意志之挺立。

四 内圣修己何以可能

孔子告诉我们,安人始于修己。所以我们不禁要问:内圣修己何以可能?

1. 成圣需要求诸己

修己之路被儒者称之为反求诸己的内圣之路。

什么叫反求诸己？孔子用箭道之喻告诉了我们。射箭是儒门六艺之一，不仅仅是一项儒者从事的体育活动，其本身就包含了儒家的圣人道理。《礼记·射义》说："射者，仁之道也。射求正诸己，己正而后发；发而不中则不怨胜己者，反求诸己而已矣。"射箭这项活动是讲求仁之道的。射箭时，射手本人要身心端正后才能把箭射出，射不中，不怨别人比自己强，反而应该反思自我是否做到了身心端正。这告诉我们，无论做什么事，都应该首先要求自己，找出自身的缺陷不足并加以改正，只有持这样态度的人才能把事情做好。能够做到这样的人，我们就说他能"反求诸己"，这往往也成为君子与小人的根本区别，孔子就说："君子求诸己，小人求诸人。"

孟子说过，爱别人而别人不亲近我，得反问自己：仁爱施行的还不够吧？管理别人没有管好，得反问自己：我的智慧还不够吧？礼貌待人却没有得到相应的回报，得反问自己：恭敬还不够吧？行为如果没有得到预期的效果不能埋怨别人做得不好，而要反恭自责：自己是

曲阜孔子六艺城

射箭是儒家君子六艺之一。六艺指礼、乐、射、御、书、数六种基本才能。出自《周礼·保氏》："养国子以道，乃教之六艺：一曰五礼，二曰六乐，三曰五射，四曰五驭，五曰六书，六曰九数。"这就是所说的"通五经贯六艺"的"六艺"。还有一种说法，六艺即六经，谓《易》、《书》、《诗》、《礼》、《乐》、《春秋》

否做好了？事实上，反求诸己说的就是认识自己并改造自己的过程，这一过程就是内圣之路。

面对孔孟反求诸己的要求，我们不禁要问：内圣之路何以可能？这需要从儒家的人性论谈起。纵观儒学的发展历史，孔子之后的哲学家们无不涉及人性问题，并由人性如何的问题出发建构了各有特色的修己成圣的工夫论体系。

儒家对人性问题的探讨始于孔子，但孔子没有明确告诉我们人性是什么。在《论语》中，他只给我们留下了一句"性相近，习相远"

的论断。而从孔子成仁的主张来看,他是有人性善的思想苗头的,只不过没有明确地说出来。孔子肯定先天本性对人发展的影响作用,但更重视后天的学习,所以他看重"习"这一观念。"习"的观念告诉我们:在不同环境的影响下,人们的生活方式和习惯彼此相隔就会越来越远,彼此之间行为方式的差别也会越来越大,所以需要持之以恒地学习修养。

真正明确说明人性如何的是孟子和荀子。孟子明确告诉我们人性善,荀子则针锋相对地告诉我们人性恶,性善与性恶构成了儒家人性论主张的两条基本路径。对于孟子和荀子来说,他们都承认"人人皆可以为尧舜",即人人都可以走上成圣之路,但对于能够成圣的原因,二人的说法却截然不同。

2. 孟子与荀子的成圣思路

对于孟子来说，人为什么能够成圣？他明确地告诉我们：这是因为人心之中本来即含有能够成圣的"四善端"。这四善端指的是人心之中，作为仁、义、礼、智四种德性之泉源的恻隐、羞恶、辞让、是非四种善心。孟子说："恻隐之心，仁之端也；羞恶之心，义之端也；辞让之心，礼之端也；是非之心，智之端也。"其中，"端"指开端，有原因、根据的意思，说的是恻隐之心是仁出现的原因，羞恶之心是义出现的原因，辞让之心是礼出现的原因，而是非之心则是智出现的原因。这四善心共同构成了人的本心或者叫真心，孟子也称其为"赤子之心"。这是人异于禽兽的地方，如果没有恻隐、羞恶、辞让、是非之心，那人便不能成其为人了。如何证明这一点？孟子举例说，假如人们看到有小孩子突然掉到井里，都会有惊恐同情之心，不是想借此与孩子的父母攀交情，不是要在乡邻朋友中博取名声，也不是厌恶那孩子惊恐的哭声才这么做的，而是因为这个人满腔子都是一种不忍人之心。

既然人心之中本来就具有四善端作为成圣的根据，那么为什么现实还是充满了恶，人不能顺其自然地成为圣人呢？孟子告诉我们说，这是因为我们丢失、放弃掉了自己的赤子真心。人们丢失了鸡犬知道去寻找，赤子之真心丢失了反而不知道去寻找，这真是做人最大的悲哀。对于孟子来说，人之所以能成圣的可能性在于，人的本心本性之中生来就具有为尧舜的种种规定性，这种种规定性就是孟子所谓的"良知良能"，而良知良能是普天下的人皆有的。圣人与我是同类人，而圣人之所以为圣，只是由于"圣人先得我心之所同然耳"，意思是说圣人只不过是先把人人都具有的善端加以扩充而已。只要我知道这一点，并将这些规定性从潜在的状态扩充为我的具体德性与行为，便可以成为圣人。扩充人心之中本有的四种善端，从内心深处发掘成圣之根据，这就是孟子告诉我们的内圣之路。

那荀子认为人为什么能够成圣？原因在于后天的人为积习之功，圣人是"人之所积而致也"。荀子的观点是"人之性恶，其善者伪也"，"伪"并不是虚伪的意思，而是指人为。人性本来是恶的，善是来自后天的人为学习与教化作用。在荀子看来，从人的天性出发，人与人是本性同一的，即使是圣人也不例外。而人的天性是什么？饥渴了知道饮食，寒冷了知道保暖，劳累了希望休息，追逐利益，躲避危害，眼睛能分辨白黑美恶，耳朵能听出声音的清浊好坏，嘴巴能辨别出酸甜甘苦，鼻子能闻出芬芳腥臭……这些都是人生来就有的，不因德行高低、地位贵贱、知识厚薄等而有所区别，这是"禹桀之所同也"。禹是古代的圣君，桀是古代的暴君，即使他们的德行相差悬殊如天与地一般，也不妨碍他们在人性上是相同的。事实上，荀子所谓的"性恶"，指的是人的物质欲望与心理要求，正因为我们顺从放纵了这些欲望，才有了人世间的种种不义和恶。

面对荀子人性本恶的论断，我们不禁要问：既然我们天性是恶的，那人世间种种美好的善又是从哪来的？荀子说：凡是善的、有价值的美好东西都是人努力创造的产物。人性是薄愿厚，恶愿美，狭愿广，贫愿富，贱愿贵，正因为自己没有，所以才须向外要求。正因为人性本恶，缺少了善，所以我们才会去追求善以丰富自我，改造自身。实际上，荀子是在告诉我们：一方面，我们的天性中有好荣恶辱、好利恶害等趋向恶的一面，我们的欲望要求如果放任自流会导致争夺、战乱、不义等恶的事物的出现，使我们的社会混乱失序；另一方面，我们的天性中也有追求仁义、礼仪、秩序等善良的一面。因为人类要想在残酷的大自然里，在同凶猛的野兽竞争中生存下来，并逐渐成为自然的主宰者，就需要结成群体，组成社会，而群体社会的结成离不开有序的伦理道德规范，伦理道德规范的确立却是变化本性、人为努力的结果。与孟子相比，荀子更加强调后天学习与修身的重要性，《荀子》首篇是《劝学》，其次便是《修身》。荀子的内圣之路概括而言便是改变自己的本性，在他那里称之为"化性起伪"。

从性善与性恶的人性理论出发，孟、荀告诉我们修身成圣何以可能。比较两人的思想，孟子突出人的先天因素，何谓先天？《中庸》说得很明白："天命之谓性。"性就是我们得之于天的东西，不能改变却需要我们去发现它，需要"自明诚"，需要我们真实无妄地将其从潜隐的状态中显现出来。荀子突出人的后天因素，后天便是"伪"。"伪"字从人从为，已明确地告诉我们：人性是需要人文素养的教化与改造的。

小知识◎程颐说读《论语》、《孟子》法

　　学者当以《论语》、《孟子》为本。《论语》、《孟子》既治，则《六经》可不治而明矣。读书者，当观圣人所以作经之意，与圣人所以用心，与圣人所以至圣人。而吾之所以未至者，所以未得者，句句而求之，昼诵而味之，中夜而思之。平其心，易其气，阙其疑，则圣人之意见矣。

　　学者先须读《论》、《孟》。穷得《论》、《孟》，自有要约处，以此观他经甚省力。《论》、《孟》如丈尺衡量相似，以此去量度事物，自然见得长短轻重。

　　《论语》、《孟子》只剩读着，便自意足。学者须是玩味。若以语言解着，意便不足。某始作此二书文字，既而思之，又似剩。只有写先儒错会处，却待与整理过。

　　学者须将《论语》中诸弟子问处便作自己问，圣人答处便作今日耳闻，自然有得。虽孔孟复生，不过以此教人。若能于《语》、《孟》中深求玩味，将来涵养成甚生气质！

　　凡看《语》、《孟》，且须熟读玩味。须将圣人言语切己，不可只作一场话说。人只看得二书切己，终身尽多也。

　　《论语》有读了后全无事者，有读了后其中得一两句喜者，有读了后知好之者，有读了后不知手之舞之足之蹈之者。

　　孔子言语句句是自然，孟子言语句句是事实。

　　凡看文字，须先晓其文义，然后可以求其意。未有不晓文义而见意者也。

3. 在发现天命中变化气质

孟子和荀子的思路都有其合理性，所以到了宋明理学那里，便将先天因素与后天人为努力结合起来讲修身成圣之道。例如张载就用"天地之性"与"气质之性"两个概念说明人的善恶问题，其中，天地之性是人性之大本，是天命、天理在人身上的体现，是道心，是纯然至善，简单来说，是人还没有形成生命之前就已经具有的人性；气质之性是人禀气成形之后才形成的，是有了生命之后才有的人性，因而气质之性是有善有恶的，也是具体的现实人心。这种区分为二程、朱熹等人所继承，成为儒家思想分析人性问题的基本思路，形成了儒家著名的十六字心法："人心惟危，道心惟微，惟精惟一，允执厥中。"

天地之性让我们明白人为什么与圣人是同一类人，明白人如何成为圣人，那就是发现天命。发现天命这一原则告诉我们，真正的超越不是依赖于神秘的上帝或伦理教条规范等外在的东西，而是去发掘与培养己心中固有的美好天性，也就是"良知"。心学宗师王阳明就说："心之良知是谓圣。圣人之学，惟是致此良知而已。"儒者往往将"道德"的"德"解释为人性之中固有的虚灵不昧的内在品质，修身的过

故宫中和殿"允执厥中"匾额
"允执厥中"四字为清乾隆皇帝御笔,语出《尚书·大禹谟》:"人心惟危,道心惟微,惟精惟一,允执厥中。"这被称为儒家的十六字心法

程就是认识自己人性中固有的美好品质,成全我们的天性。只有这样,才能有"德"。事实上,"德"从人从心,说的就是己心中的天地之性。朱熹就说:"德者,得也,行道内而有得于心者也。"又说:"盖人之所以为人,道之所以为道,圣人之所以为教,原其所自,无一不本于天而备于我。"天与人本是一体的,人之所以为人的东西便本于天而完备于我身上。美好德性内在于己心之中,就像种子一样,只要我们好好培养便会长成道德的大树,所以孟子才会说《大学》所讲的修身之道关键在于一个"养"字。

气质之性说明了现实人美丑善恶的多姿多彩,让我们明白了为什么我们还不是圣人,并告诉我们如何成为圣人,那就是变化气质。变化气质告诉我们,心之良知尽管存在,但对于现实的人来说,它还是一种潜在,一种可能性。人禀气成形的过程中,一些不好的因素或客观条件,如后天不良教育等往往会影响我们,会遮蔽良知的显现。而且对于现实的、活泼泼的生命来说,人的本性就如同一块浑金璞玉一般,尽管有良材美质,但不会主动地展现给我们,要想使它成为精美的艺术品,需要反复地雕琢加工,精益求精。总之,不能一切听命于本能,委之于天性,需要人有意为之。所以儒家经典《大学》便用"如切如磋,如琢如磨"这八个字告诉我们,修身不仅仅要发现天命,启迪良知,还需要类似于玉石加工这样的切、磋、琢、磨的过程。这一过程是一个需要日日打磨的过程,是"苟日新,日日新,又日新"。

朱熹像
理学大家朱熹有修身齐家"四句教":"读书起家之本,循理保家之本,和顺齐家之本,勤俭治家之本"

在宋明理学家这里,发现天命,变化气质,便是内圣之路何以可能的完美答案,也成为后人指导自我进行修身的基本原则。

小知识◎先贤论成圣

(1)圣人是德业俱全者

圣人之道,入乎耳,存乎心,蕴之德行,行之为事业。

——周敦颐

人必能斡旋乾坤,利济苍生,方是圣贤。不然,虽矫语性天，真见定静，终是释迦、庄周也。

——颜元

(2) 成圣当有自信

仰首攀南斗，翻身倚北辰。举头天外望，无我这般人。

——陆九渊

(3) 成圣须向凡人学

古之教人，莫非使之成己。自洒扫应对上，便可到圣人事。

——朱熹

学于圣人，斯为贤人；学于贤人，斯为君子；学于众人，斯为圣人。

——章学诚

五 走上内圣之路的内因功夫

宋儒谈修身时多言功夫,说的就是反求诸己的内圣修身之方法与途径。儒家的修身方法有很多,概而言之,无外乎两大基本原则:发现天命与变化气质。这两大原则都是从人本身出发的,所以我们可以作内因功夫,肯定自我的努力是实现修己成圣之功夫的主要原因。那么,发现天命、变化气质的具体方法有哪些?

1. 立志好学

什么是"志"？朱熹解释说："心之所之谓之志。"志，是我们内心的期望与趋向，是一种坚忍不拔、不被任何困难压倒的持之以恒的精神。志于何物？志当存高远，所以孔子说"志于仁"、"志于道"。"仁"与"道"是人心中固有的道德良知，人人本心固有，但若不培养生发它，也就如同没有一般。而培养我们固有的道德良知却不是一天两天就可以成就的事，需要持之以恒的不懈努力。不怕路远，就怕志短，所以孔子才敦敦教导弟子，说出许多立志的话来。

俗语说得好："志不立，天下无可成之事。"对于发掘培养己心中的道德良知来说，这不是有没有能力之事，而是愿不愿意去做的问题。什么是我们做不到的？孟子说抱着泰山越过北海这样的事，我说"不能"，这是真的不能。什么是不愿意做的？孟子说为长辈折根树枝这样的，我却告诉别人说"不能"，这不是不能，而是不为。发现天命，培养良知这样的事就是为长者折枝之类事，不是没有能力，关键在自己有没有此志向。"有志始知蓬莱近，无为总觉咫尺远"。立志很难，关键不在胜人，而在胜己。唯有战胜己心的惰性，才能使我们久已蒙尘的道德良知熠熠生辉。对于学者来说，我们应该摒弃两种不良的风气，一种是自以为是，目空一切；一种是自暴自弃，不思进取。自满骄傲的人不肯不屑做圣贤，灰心丧志的人则不敢不能做圣贤。

立志更要立长志。张载就说"志久则气久，德性久"。俗话说："有志之人立长志，无志之人常立志。"人生的志向一旦确定，就应该坚持不懈地朝着既定目标不断奋斗，且不可半途而废。立志不能徘徊不定，要果断坚决，要如饥似渴。没有持之以恒的修身志向，即便你满腔道德良知，久而久之也泯然众人矣。而有了远大的志向，便有了前进的方向，有了明确的目标，也有了用功着力处。儒者于修身功夫中首重"立志"，说出许多教人立志的教诲，朱熹就是典型的一位。

弟子问："为学功夫，以何为先？"

朱熹说："亦不过如前所说，专在人自立志。既知这道理，办得坚固心，一味向前，何患不进。只思立志不坚，只听人言语，看人文字，终是无德于己。"

又说："书不记，熟读可记。义不精，细思可精。唯有志不立，直是无着力处。而今人贪利禄而不贪道义，要做贵人而不要做好人，皆是志不立之病。"

儒家所谓立志，主要是致力于"圣贤之道"，就是要以尧、舜等圣贤为榜样，以他们的言行为准则，学习他们的德行，"学者大要立志，才学便要做圣人是也"。

当然空有大志也不行。修身是我们一生也做不完的功课，所以立下修身的志向，还需要佐之以不懈的学习态度、明确的学习目标和正确的学习方法。立志的目的在于保证我们能够活到老，学到老。孔子15岁时便开始志于学习，给我们留下了"韦编三绝"的勤奋故事，以他这样的好学不已也直到 70 岁以后才做到随心所欲不逾矩的境界，更何况一般人？所以荀子谈劝学时第一句话就说"学不可以已"。

　　学习的目标是什么？文化知识并不是首要的，对于儒者来说，首要的学习是学做一个有道德的人。学做人从孝敬父母、友爱兄弟开始，如果能做到重德行而不重外貌，竭尽所能侍奉父母，能为了百姓国家献出生命，结交朋友能信守承诺，那么这样的人虽然没有受到正规的学习训练，也必定可以说已经学习过了。因此，应用性的知识或技能对于儒者来说是必要的，但不是必须的和首要的，首要的是学做一个有道德的人。儒家经典千言万语，归为一件事就是教人做圣人。据《宋史·张载传》记载，张载少年时喜谈兵，准备联络人一起攻取被西夏占领的洮西之地。在 21 岁的时候，他上书范仲淹，请求支持。范仲淹则认为他具有圣贤气象，鼓励他说："儒者自有名教可乐，何事于兵？"勉励他学习《中庸》，传承儒家圣人之道。张载学古力行，终为关中士人宗师，世称横渠先生。他著书《正蒙》，阐发"为天地立心，为生民立命，为往圣继绝学，为万世开太平"的儒家精神，被后儒赞为"昭如日月"，为万世不可易者。

　　真正的学习需要有良好的学习方法。古人对学习方法有过很多精彩的论述，朱熹就总结归纳了"二十四字"阅读法，即"循序渐进、熟读精思、虚心涵泳、切己体察、着紧用力，居敬持志"这六条方法。其中，循序渐进包括三层意思：一是读书应该按照一定次序，前后不要颠倒；二是"量力所至而谨守之"；三是不可囫囵吞枣，急于求成。熟读精思即读书既要熟读成诵，又要精于思考。虚心涵泳中的"虚心"，是指读书时要反复咀嚼，细心玩味。切己体察强调读书必须要见之于自己的实际行动，要身体力行。着紧用力包含两方面的意义：一是读书必须抓紧时间，发愤忘食，反对悠悠然；二是必须精神抖擞，勇猛

兴贤书院
福建武夷山朱熹故里五夫镇

奋发,反对松松垮垮。居敬持志中的"居敬",强调读书必须精神专注,注意力高度集中。所谓"持志",就是要树立远大志向,并以顽强的毅力长期坚守。"朱子读书法"比较集中地反映了我国古代对于读书方法的研究成果,其中不乏合理的内容,很值得我们借鉴和学习。

2. 明诚尽性

如果说我们的天性中具有如孟子所说的恻隐、羞恶、辞让、是非之心等道德种子的话，那么我们如何将其发掘出来，并存养得熟？《中庸》指出："诚者，天之道也；诚之者，人之道也。"这番话告诉我们，"诚"是天所具有的本性，是天理之本然，是天命，天命发动流行到人身上就是人的本性，天道无私，它将自己的本性真实无妄地展现在我们面前，这就是"诚"；而我们在生命形成过程中，由于受到禀气清浊不同以及后天环境教育等因素的影响，导致这本应真实无妄的道德种子反而不能成长壮大，因此需要明诚的功夫。所以《中庸》才明确地告诉我们："惟天下至诚，为能尽其性；能尽其性，则能尽人之性；能尽人之性，则能尽物之性；能尽物之性，则可以赞天地之化育；可以赞天地之化育，则可以与天地参矣。"只有真正做到了至诚，才能将我们人性中的道德种子发掘出来，培养成熟。换句话说，只有至诚的人，才能实现自我，才能实现他人，才能成就万物，周敦颐就说"诚"是圣人之本。

"诚"是我们内心的事，它的实现不依赖于外物，关键在自己的

周敦颐《爱莲说》插图
周敦颐（1017～1073年），字茂叔，号濂溪。北宋著名哲学家，理学开山鼻祖

努力，所以儒者奉行"诚者自成"的原则。那么，对于有志于"明诚"的人来说，有没有具体的途径或方法？《中庸》中有五个之，即"博学之，审问之，慎思之，明辨之，笃行之"，朱熹说此是"诚之"之目，其中，学、问、思、辨四法是如何选择善而形成道德知识，属于"学而知"；笃行是将获得的道德知识付诸实践的过程，属于"利而行"，这五法实际上是从知行合一的角度来说明如何"明诚"的。明诚从博学开始，博学不是简单的知识性学习，而是道德良知的获得与觉悟的过程。如何保证我们获得的道德良知是符合人性正当的呢？这就需要审问、慎思、明辨的具体工夫，以天命之诚去审问我们自己，反思自己心中是否具有这样的诚，并明辨自己的行为是否真正做到了这样的诚。如果不符合便努力改正，而对于符合的行为便需要有意识地去多做一些。

那天命之诚又到哪里寻找？孟子告诉我们：问问自己的心。心的本来面目就是天命，特别是在宋儒看来，心、性与天是一个道理，一个物事，如程颐所说："自理而言谓之天，自禀受而言谓之性，自存诸人而言谓之心。"王阳明也说："性是心之体，天是性之原。尽心即是尽性。"所以孟子说要尽心知性以知天，明诚的过程也就是存心养性的过程。如何做到尽心、存心？最好的办法就是"居仁由义"，也就是内怀仁爱之心，行事遵循道义。孟子比喻说：仁，是人的安宅；义，是人的正路。舍弃安宅而不居，舍弃义路而不行，这是最悲哀的事。仁是就心上说的，如同给人安全感的房子一样，能给心以安全感，使我们明白安身立命之所在，所以孟子用了一个"居"字，形容我们的心是居住在一个由仁爱构成的房子。义是就行动而言，就像车子必须在正确的道路上行驶才不会出事一样，人的行为也必须遵循着正确的道路。义是我们行事正确的保证，所以孟子用了一个"由"字，说这是我们应该遵循的指示方向。在这一点，不仅仅孟子如此，即使是主张人性恶的荀子也毫不迟疑地表示赞同，他说："君子养心莫善于诚，致诚，则无它事矣，唯仁之为守，唯义之为行。"

那么，如何做一个有道德的人？简单来说，就是通过居仁行义的细细打磨功夫，使自己跳出虚伪粉饰，重新恢复真实无妄的如赤子般的本来面目，孟子说这叫作"反身而诚，乐莫大焉"。一个人是否做到了"诚"，往往也成为衡量这个人德行高低的最主要标准，为历来儒者所重视。曾国藩就把"至诚"要求看作是儒家重要的人格准则，他教育弟子李鸿章往往就用一个"诚"字。据清人李伯元的《南亭笔记》记载，曾国藩有个生活习惯，就是每天的早饭必须和幕僚们一起吃。李鸿章拜曾国藩为老师，在门下为幕僚，他不愿意去便以头疼为由推辞。差役便三番五次来请，并说：大人有令，必须待幕僚们到齐之后才会开饭。不得已，李鸿章穿衣赴宴。吃饭时，曾国藩一言不发，饭后才正色对李鸿章说："少荃（李鸿章字）既入我幕，我有言相告：此处所尚，唯有一诚字而已。"语迄各散，李鸿章为之悚然久之。

3. 无欲主静

"欲望",在《现代汉语词典》里被解释为:"想得到某种东西或想达到某种目的的要求。"就这个解释而言,欲望一词显然是个中性词,没有褒贬的色彩。因此,欲望并不一定是不好的东西,它也可以指对于美好事物追求的强烈愿望。如孔子主张"食不厌精,脍不厌细",追求一种精致的生活品味;说"富而可求者,虽执鞭之士,我亦为之",不反对过一种富足的生活;又说"朝闻道,夕死可矣",把道的获得放在了生命的前面。事实上,这些都可以说是一种欲望,有时,正确的欲望会激起人无穷的力量。

但在儒家观念中,这种肯定性的认同毕竟是少数,主流的观点是儒者往往从人欲、物欲等否定角度理解欲望,把欲望看作是超出人的正当需求的过度的、不合理的要求,顺从这种要求往往会导致恶的后果,正如荀子所说的,顺从欲望会导致痛苦,其主要原因乃是欲望永远无法完全满足。如何去除欲望?道家的老子曾经说过:"不见可欲,使人心不乱。"即如果没有能够激起人们欲望的东西,人们的欲望就会较少,人心就不会丧乱,所以老子的主张是"小国寡民",让人们

老子

老子（约公元前 571～前 471 年），又称老聃、李耳，春秋时期楚国人，道家学派创始人。后被唐朝皇帝封为太上老君，在道教中被尊为道祖，有《道德经》（又名《老子》）一书存世

的生活简单质朴，只要能满足生存需要就可以，至于让生活更舒适美好的东西是不应该追逐的。但对孔子来说，他不说是外物的诱惑导致了人的欲望，而是说由于我们的人心有了不正当的要求，所以才有了欲望。季康子担忧社会上盗窃的事情太多，就向孔子讨教解决的方法。孔子告诉他："苟子之不欲，虽赏之不窃。"意思就是说，如果一个人没有希冀不义之财的欲望，那么即使是悬赏让他去偷盗他也不会做。

所以去除欲望这件事，关键不在外物对我们的诱惑，而在自己心上下工夫的事，这被儒者称为"格心之非"或"养心"，孟子就说："养心莫善于寡欲。其为人也寡欲，虽有不存焉者寡矣。其为人也多欲，虽有存焉者寡矣。"修养内心的方法，没有比减少欲望更好的了。一个人做人如果欲望很少，尽管也有失去本心的时候，但会非常少；相反，如果一个人做人欲望很多，尽管也有保持本心不失去的时候，但会非常少。在宋明儒者那里，他们往往把心区分为道心和人心，道心即是天理，是心之本然，纯粹至善，遵循它我们的心才会既公且正；人心含有私欲，私欲是人心的顽疾，遵循它我们的心会既私且邪，所以需要修心的功夫，不论是程朱理学还是陆王心学，都把"存天理，去人欲"看作是养心的基本内容。

二程说："人心私欲，故危殆。道心天理，故精微。灭私欲则天理明矣。"

朱熹说："圣贤千言万语，只是教人明天理，灭人欲。"

王阳明说："圣人述六经，只是要正人，只是要存天理、去人欲。"

那如何存理去欲？朱熹告诉我们首先要"认取哪个是天理，哪个是人欲"。天理人欲，需要一一验过，只有明了天理，才能灭去人欲。天理即至善，《大学》说："大学之道，在明明德，在亲民，在止于至善。知止而后有定；定而后能静；静而后能安；安而后能虑；虑而后能得。"这是在告诉我们：能够知其所止在止于天理至善，然后意志才能坚定；坚定意志，然后心才能宁静下来，不会妄动；能做到心不妄动，然后才能安于处境；能够安于处境，然后才能做到处事精详；能够处事精详，才能达到至善的境界。只有知道了什么是天理，我们的心才能安定平静下来。心安定平静了，才不会妄动。人心妄动就是人欲，所以我们要在静中去人欲，存天理，古人重视"静以修心"功夫的原因就在于此。

荀子就特别重视"静"的功夫。他说人生来就有追求物质欲望的本性，幸好我们的"心"能治理五官，为精神之主，对于不合理的感受与需求能"自禁"、"自夺"和"自止"；对于合理的感受与需求

释迦牟尼佛在菩提树下悟道（浮雕）

释迦牟尼（约公元前624～前544年，一说公元前564～前484年），原名悉达多·乔达摩，生于古印度迦毗罗卫国（今尼泊尔南部）。据说他在35岁时，于尼连禅河畔的菩提树下静坐冥想，证悟佛法。他成佛后被称为"释迦牟尼"，尊称为"佛陀"，是佛教创始人

能"自使"、"自取"和"自行"，而这就是"善"。去欲向善，关键在于"心"能否始终保持正确的认识。如何做到这一点？荀子说："虚一而静。"所谓"虚"，指虚心，不以已有的认识妨碍我们去接受新的认识；所谓"一"，是思想专一，"目不能两视而明，耳不能两听而聪"，所以要止散乱心，使心专注一境；所谓"静"，就是内心无喘，思想宁静。心要专注，就必须做到虚心、专心、静心。事实上，荀子这是在告诉我们这样一个道理：只有内心安静才能生发觉悟向善的智慧。自荀子以后，主静便成为儒者修身的重要方法。尤其是佛教传入中国后，禅定的修行方法影响了儒家士大夫，他们说静中学问很多，在静中看出端倪，更是把静修作为儒门第一功课来认真践行。作为理

学开山祖师的周敦颐就是这样一位大力提倡主静工夫的士大夫,他说人性是善的,如果偏离中道就会成为恶,所以说,要想使善不转化成为恶,就要做到"中和"与"中节"。而要达到"中和"的道德境界,必须在修养上坚持"主静"的功夫,而主静的核心便是无欲,只有无欲主静才能立人极,也就是说,才能成为圣人。

  我们要注意的是,宋儒所谓的静坐修心功夫,并不是说一定要做到身如枯木,一动不动才算是"静",其所谓"静",主要指心态,是我们的心做到一种不为外欲所染,不以物喜,不以己悲的宁静心态。在这一点上,王阳明就深有见地。王阳明这喜欢与僧道交往,学习他们的静坐功夫。据说,他17岁时,到江西洪都迎娶妻子诸氏,婚礼当天,他漫步到铁柱宫,遇到一位道士趺坐榻上,就向道士求教。道士讲到静坐之术,他便与道士相对静坐直到天明而流连忘返,连洞房花烛夜都忘了。第二天,岳父找到他时,他还在与道士一起处于静坐冥想之中呢。35岁的时候,因反对宦官刘瑾专权,王阳明被贬到贵州龙场做驿丞。那里十万大山,荆棘丛生,蛇虺魍魉,蛊毒瘴疠,他刚去时没有房子住,只能自己搭简易房住在山洞里,困顿到了极点。但是他想:个人的得失荣辱都能超脱,为何生死一念还不能化除?于是做了一个石棺,日夜端居石棺中,默坐澄心,以求宁静。过些时候,胸中逐渐洒洒,不再有忧虑之念。跟他去的仆人都病了,王阳明就反过来砍柴、取水,并做饭给他们吃。他还念诗给他们听,甚至唱些家乡小曲,讲些笑话,来驱除他们思乡和病痛的忧愁。在这种情况下,王阳明经常自念:"圣人处此,更有何道?"有一天半夜里,好像有人在睡梦中告诉他,他忽然大悟,欢呼着跳了起来,把跟随他的人吓了一大跳。他终于明白了:"圣人之道,吾性自足!"心中自有物理"不必外求"——这就是有名的"龙场悟道"!从此他教人由"静坐"入手,这样入手容易，深造也不难。

但王阳明所说的"静坐"绝不是教人灰心灭智，枯槁形体，而是说人的思绪很容易受到外物的吸引，人的念头时时都在攀缘着各式各样的对象，所以要人熄灭思虑，去除攀缘心，灭掉"心猿"和"意马"。王阳明告诫弟子说："所云静坐事，非欲坐禅入定。盖因吾辈平日为事物纷挐，未知为己，欲以此补小学收放一段功夫耳。"静坐并不是让你坐禅入定，而是让你在静坐中体验思绪的沉淀与内心的宁静，是收心对治人欲的功夫，王阳明告诫我们："教人为学，不可执一偏，初学时心猿意马，拴缚不定，其所思虑多是人欲一边，故教之静坐、息思虑。久之，俟其心意稍定，只悬空守静如槁木死灰，亦无用，须教他省察克治。""静"是随你静处体悟也好，随你事上磨炼也好都能做到不以物喜，不以己悲的宁静无染。所以当弟子问"周子何以言定之于中正仁义而主静"时，王阳明才会这样说："无欲故静，是'静亦定，动亦定'的'定'字，主其体也。戒慎之念是活泼泼地。此是天地不息处，所谓'维天之命，于穆不已'，一息便是死。非本体之念，即是私念。"

有这么一则故事：程颢、程颐兄弟俩曾一起去赴宴，程颐见席中有妓女陪酒，便拂袖而去，只有程颢留下来与人同饮，尽欢而散。次日，程颢到程颐书斋中去，程颐仍怒气未消，程颢笑道："昨日本有，心上却无；今日本无，心上却有。"意思是说：昨日本有妓女在，但我心上无妓女在；今日本无妓女在，但你心上却有妓女在。看来只有"心中无妓"，才能"眼中无妓"了。只有人心静了，才能没有私念。

晚明大儒高攀龙说："静坐之法，不用一毫安排，只平平常，默默静坐。"这种静坐法，平淡朴实，也渐趋大众化，能够简便易行，为人所重。

4. 慎独自省

《孟子》里有这样一个小故事：

有一个人养成了偷鸡摸狗的习惯，每天都要偷邻居家的一只鸡。

有人规劝他说：正正经经地做人，要懂得是非好坏。偷东西可不是好人的行为啊！

这人听了，表示要改正自己的错误，说：既然如此，就让我慢慢地改正吧。我先少偷一些，由每天偷一只改作每月偷一只，到明年再停止偷吧！

既然已经知道这样做是错误的，就应该赶快改正，为什么要等到来年呢？有错慢慢改，实际是自我原谅。以这种态度是改正不了错误的。

做错了事应该怎么办？我们需要以什么样的态度面对错误？"人非圣贤，孰能无过？"可有的人为了掩饰错误往往一错再错，所以孔子告诉我们："过则勿惮改。"有了错误不要害怕它的后果，要勇于承认，要努力改正。有些错事是显而易见的，为人所知的，或者害怕法律的制裁，或者害怕舆论的谴责，我们会及时改正；可有些错事只有自己知道，这个时候，我们应该怎么选择？儒者告诉我们：要慎独自省。

慎独是什么？"独"，按照朱熹的解释，是"人所不知而己所独知之地"，所谓"慎独"，指的是在无人注意个人独处的时候，人能够凭借高度的自觉意识，按照一定的伦理道德规范，谨慎地对待自己的言行举止，不作任何违背道德信念、做人原则之事，从而使道义时刻伴随着我们。因此，慎独是一种态度，是一种方法，是一种自律，是一种坦荡，更是一种修养的境界。如果还停留在"不得不如此"的屈服于道德律令的层面还不算是真正的"慎独"，那样做只是不屈从于某种目的而克制自己的欲望罢了。真正的慎独是道德生命的自觉，是自觉为神圣，自觉为主观愿望才行，所以"慎独"首先是诚意，使我们的意识真实无妄。

"慎独"一词最早出现在《大学》、《中庸》中。《大学》说："所谓诚其意者，毋自欺也。如恶恶臭，如好好色，此之谓自谦。故君子必慎其独也。小人闲居为不善，无所不至。见君子而后厌然，掩其不善，而著其善。人之视己，如见其肺肝然，则何益矣。此谓诚于中，形于外。故君子必慎独也。"其大意即是说，所谓使自己的意念诚实，就是说不要自己欺骗自己。就如同厌恶污秽的气味、喜爱美丽的女子那样不要欺骗自己，要使自己感到心安理得，所以君子一定要在独处的时候保持谨慎的态度。而那些没有道德修养的人，在闲居独处的时候，无论什么坏事都做得出来。当他们见到那些有道德修养的人时，却又躲躲藏藏企图掩盖他们所做的坏事，而装出一副似乎做过好事的模样，设法显示自己的美德，而事实上每个人看到他们的时候，都像能看到肝肺一样直视内心，那么自欺还有什么用呢？内心的真诚会直达外表，所以君子一定要真诚地面对自己。

杨震像

杨震（59～124年），字伯起，东汉弘农华阴人，东汉名臣

《中庸》也说："是故君子戒慎乎其所不睹，恐惧乎其所不闻。莫见乎隐，莫显乎微，故君子慎其独也。"就是说越是别人看不到自己的地方，越是别人听不到自己的地方，我们更加需要严谨小心，因为没有比在那些不易觉察的地方更能表现出君子人格的真诚，也没有比细微之处更能显示君子风范的真实，所以，君子是要严肃对待自己的。《后汉书·杨震传》中有个故事：王密在昌邑做县令，为了官运亨通步步高升，他始终打着自己的如意算盘。恰巧朝廷派来的新任太守杨震和王密多少有些交情。这种千载难逢的机会岂能错过？王密立刻跑去拉拢关系，他不惜血本，竟拎着10斤黄金公然行贿，杨震愤愤地质问："故人知君，君不知故人，何也？"王密毫不脸红地答道："暮夜，无知得。"意思是并非光天化日众目睽睽，我送礼您收钱的事儿谁会知道呢？杨震既是正人君子，又是清官廉吏，他哪里受得了这番侮辱？立刻寸步不让地挖苦说："天知、神知、子知、我知，何谓无知？"俗话说"湛湛青天不可欺"，做了枉法的丑事，不但法纪难容，连上天都要报复你呢，杨震由此获得"四知太守"的雅号。康熙在《庭训格言》中说得好："《大学》、《中庸》俱以慎独为训，是为对贤第一要节。后人广其说曰：'暗室不欺。'所谓暗室不欺有二义焉：一在私居独处之时，一在心曲隐微则人不及知。惟君子谓此时指视必严也。"

慎独不仅仅是独处时的谨慎小心，更要主动地反省，看看自身是否做到了自己心中的道德要求。孔子说："见贤思齐，见不贤而内省。"曾子说："吾日三省吾身：为人谋而不重乎？与朋友交而不信乎？传不习乎？"他以此三者日省己身，有则改之，无则加勉，自治勤奋不已，没有一天中断。曾国藩在总结自己一生的处世经验时，写了著名的"日课四条"，即：慎独、主敬、求仁、习劳。这四条，慎独是根本，是"体"；其他三条是枝叶，是"用"。"自省"是经常进行自我反省和检查的意思，朱熹就认为一个人要搞好自身道德修养，就应当"无时不省察"。在他看来，"凡人之心，不存则亡，而无不存不亡之时。故一息之倾，不加提省之力，则沦于亡而不自觉。天下之事，不是则非，而无不是不非之处。故一事之微，不加精察之功，则陷于恶而不自知"。因此，为了使人心不"沦于亡"，做事不"陷于恶"，经常进行自我反省和检查，是必不可少的。

  由此可知，慎独是自尊自立之人格的完全挺立，是柳下惠的坐怀不乱，是宋子罕的以不贪为宝，是许衡的不食无主之梨。正如古希腊智者毕达哥拉斯所说："无论是在别人跟前或者自己单独的时候，都不要做一点卑劣的事情——最要紧的是自尊。"慎独是灵魂的洗礼，过程或许会很痛苦，但收获的境界必定是最美的。

5. 涵养用敬

　　人应该如何做一个好人？孔子告诉自己的学生，要"修己以敬"。"敬"，事实上，是缘自内心的一种态度，《礼记·曲礼上》就说："在貌为恭，在心为敬。"恭与敬词义相近，恭注重于外表，敬则关乎内心，是我们为人处事时的一种心理状态、处世态度。

　　如何做到"敬"？首先要存孝敬敬爱之心。孔子告诉我们，做一个好人要从孝顺父母开始，首要的态度就是要"敬"。弟子子游问：什么是孝？孔子告诉他："今之孝者，是谓能养。至于犬马，皆能有养。不敬，何以别乎？"孝顺父母并不是单纯的物质供养，养而不敬，养而不存敬心，则与养动物没有什么区别。养只是物质上的满足，敬才是精神上的关怀。孝与不孝固然有形式上的差别，但最重要的不是它，而是发自内心的对于父母的敬爱。重要的是要有孝心。有孝心，才会有孝行。孝行是缘自孝心的一种自然发挥与真实流露，不是为了博取好名声的刻意做作。

　　要做到"敬"，还需要我们有敬畏心。敬畏并不是怯懦害怕，相反，它是一种自知之明，自谦之态。敬畏，指的是对生命的存在要有一颗敬畏之心,对动物的生命常怀敬畏,不能随意剥夺;对他人的生命常怀敬畏,不得任意戕害;对自己的生命,特别是缺陷要常怀忧惧,不能任其自流。所以孔子有"三畏"之语:人应该畏天命、畏大人、畏圣人之言。天命是人性之本然,代表了人之为人的一点良知,我们当然要敬畏,只有敬畏这良知,我们才成其为人。大人是社会上的权威,这权威背后代表了社会秩序与道德规范,敬畏权威,就是对一个社会的合理秩序的敬畏。圣人代表了德行高尚的人,敬畏圣人,即是敬畏善,敬畏良知,敬畏美。

要做到"敬",还需要有恭敬心。恭敬不是为了获得某种不当利益而谄媚他人,相反,它是一种尊重。尊重别人的地位,尊重别人的能力,尊重别人的德行,这不仅是交往中的一种礼貌行为,更是自己内心真实情感的自然流露。恭敬心源于对父母的孝敬心,是此心之扩展。以敬事父,推而广之,便是以敬事上。《孝经》说:"资于事父以事母,而爱同;资于事父以事君,而敬同。故母取其爱,而君取其敬,兼之者父也。故以孝事君则忠,以敬事长则顺。"这就是说,以适逢父亲之心来侍奉母亲,都是出于敬爱之心;以适逢父亲之心来侍奉国君,都是出于恭敬之心。我们在日常工作中应该怀着恭敬的心态对待自己的上级,只有这样才能顺利工作。尊敬别人也就是在尊敬自己,孟子说:"仁者爱人,有礼者敬人。爱人者,人恒爱之;敬人者,人恒敬之。"爱人是对他人的关爱,敬人是对他人的尊敬。爱必有敬,敬必有爱,二者相互增益成为社会和谐的保证。孔子弟子司马牛因为没有兄弟而担忧,子夏就告诉他:"君子敬而无失,与人恭而有礼。四海之内,皆兄弟也,君子何患乎无兄弟也?"张载说"民胞物与",也正是这种情怀的体现。

敬与心相关,更是修行的工夫。《周易·系辞》说:"君子敬以直内，义以方外。"简单来说，就是用敬使内心正直，用义来规范行为。《论语》中孔子曾对学生多次谈到"敬"，后来为宋明儒者，尤其是程朱理学一脉所重视。程颐说："涵养须用敬，进学则在致知。"又说："敬只是持己之道。"人在面对纷繁复杂的物欲时能否把持住自己的关键就在"居敬"或"主敬"，所以到了朱熹那里，"敬"便成为了最重要的修身功夫，他说："敬字功夫，乃圣门第一义。彻头彻尾，不可倾刻间断。""敬之一字，真圣门之纲领，存养之要法。一主乎此，更无内外精粗。"朱熹的弟子陈淳说："敬一字，从前经书说处尽多，只把做闲慢说过，到二程方拈出来，就学者做工夫处说，见得这道理尤紧切，所关最大。"从二程开始，经过程朱理学一脉的创造性诠释与实践，"敬"便涵盖儒家全部修身、养心的实践，并成为儒者涵养德性的主要功夫，成为儒家"圣门第一义"的修身之纲领、存养之要法。

那么，"敬"作为一种涵养德性的实践工夫，需要我们如何去"主敬"？朱熹说："只是内无妄思，外无妄动。"这是说要从心与身两个层次去努力。

首先，"主敬"是精神领域的心法，要做的是对心的调控与主宰，所以朱熹总是强调："敬，只是此心自做主宰处。"以敬为主，心则自存。主敬，心中则私欲不生，必定湛然，不流放开去能够显现自然万理。那如何保持"心"的主宰力量呢？在朱熹看来，"心"的主宰性源于它是一种"神明"，既能明万物之理与是非善恶，更能指导我们去应万事。但此心虽为"神明"，也有昏昧不明时，这就需要一种有效的心法。朱熹肯定了一种叫作"常惺惺法"的精神修炼方法，这种方法借鉴了佛教禅宗明心见性的修持方法，主要目的在于修炼者要经常唤醒自己的昭昭灵明之心。"惺惺"是心不昏昧的意思，二程弟子谢良佐就常用这样的方法唤醒己心，因其与禅宗心法相似，所以有弟子就教于朱熹。据《朱子语类》记载：

有弟子问："谢氏常惺惺之说，佛氏亦此语。"

朱熹说："其唤醒此心则同，而其为道则异。吾儒唤醒此心，欲他照管许多道理，佛氏则空唤醒在此，无所作为，其异处在此。"

佛教唤醒的"心"是空无所执的，所以无所作为；而儒家唤醒的"心"是具足万理的，所以能够积极有为而应万事。当然，"常惺惺"的工夫也不是急切就可以完成的，需要长久不懈的努力，正如程颐说的："学者须敬守此心，不可急迫。当栽培深厚，涵泳于其间，然后可以自得。但急迫求之，只是私心，终不足以达道。"

其次，"敬"是身体的语言。一个人的涵养是通过他的言行举止告诉给别人的，所以需要约束身体，规范行为，这就是敬身的工夫。如何敬身？朱熹说了很多，如"整齐严肃"，"严威俨恪"，"动容貌，整思虑"，"正衣冠，尊瞻视"等，具体来说，就是：坐如尸，立如齐，头容直，目容端，足容重，手容恭，口容止，气容肃。通过这样具体的在身体容貌上下功夫的修养过程，人能够变化气质，焕然一新。

主敬是一个由存心到身敛的涵养过程，又以心敬为主，"心无不敬，则四体自然收敛，不待十分着意安排，而四体自然舒适"。即心的恭敬必然导致身的收敛，而身的收敛有助于心的恭敬。涵养用敬是一种身心之工夫，要做圣人需从此路上求。因此儒家说："敬，身之基，德之聚也，能敬必有德。"

小知识◎曾国藩修身的日课十三条

(1)主敬：整齐严肃，无时不惧。无事时，心在腔子里；应事时，专一不杂。

(2)静坐：每日不拘何时，静坐片刻，来复仁心，正位凝命，如鼎之镇。

(3)早起：黎明即起，醒后勿沾恋。

(4)读书不二：一书未点完，断不看他书。东翻西阅，都是徇外为人。

(5)读史：每日圈点十页，虽有事不间断。

(6)谨言：刻刻留心。

(7)养气：气藏丹田，无不可对人言之事。

(8)保身：节欲、节劳、节饮食。

(9)写日记：须端楷，凡日间身过、心过、口过，皆一一记出，终身不间断。

(10)日知所亡：每日记茶余偶谈一则，分德行门、学问门、经济门、艺术门。

(11)月无忘所能：每月作诗文数首，以验积理的多寡，养气之盛否。

(12)作字：早饭后作字。凡笔墨应酬，当作自己功课。

(13)夜不出门：旷功疲神，切戒切戒。

6. 治气养心

一谈到"气",我们首先想到的也许就是气功。古人有练气养生的追求,很多儒者往往也有打坐练气的习惯。据史书记载,在平叛宁王之时,王阳明随军为司马,于某夜练气有所得,盈满而不可宣泄,中夜之时,长啸军中,声震三军而绵延竟夜。

"气"是中国哲学里最重要的概念之一,不仅佛道修士重视它,儒者也同样很重视它,并用它来解释人的存在、善恶的来源以及修身的方法等问题。儒学关于"气"的特点在于主张它与人心有关,所以气便关乎善恶,关乎精神。

气与善恶有关。在宋明理学家看来,人性分为"天地之性"与"气质之性",前者源于天道,后者则源于气。气构成人身万物,主张"太虚即气"的张载就说:"气不能不聚而为万物,不能不散而为太虚。"气的聚散构成了生命的轮回,人的死生寿夭皆源于此。因气有阴阳清浊厚薄之不同,禀气成形之人也就千差万别了。禀清气全或多的人,天生就为圣人、贤人;禀浊气全或多的人,天生就为恶人、愚人,这就是气质之性。所以,就人而言,一方面固然禀承了"天地之性",

有成为尧舜的潜质,但同时落实到个体的生命上,就不可避免地也因"气质之性",也就是由所禀之气的清浊偏正厚薄而表现出来的人性之差异。人有善恶、刚柔、缓急、才与不才等性格差异,这都源于气禀或者叫作"气质"之不同,因为气有刚柔、缓速、清浊之差别。气禀成人,所以人人气质不同,所以才有了千差万别的你、我、他之活泼泼的生命。由此,落实到修身工夫的具体下手处,儒者告诉我们要"变化气质"。张载就说:"为学大益,在自求变化气质,不尔,皆为人之蔽,卒无所发明,不得见圣人之奥。"故学者先须变化气质。

人生气禀当中,除了死生寿夭我们无法改变之外,其他有关气质的,都可以经过学者工夫上的努力而获得改变。在宋明儒者的眼中,一个人的气质高低好坏并不必然决定了这个人的善恶与否。不论气之美恶,只要你有向学的志向并为之奋力有为,桀纣可以变为尧舜。所以程颐告诉学者要"致知养气",张载也劝告说:"如气质恶者,学即能移。今人所以多为气所使而不得为贤者,盖为不知学。"那么学什么才能变化气质?儒者告诉我们,关键在学"礼"。张载就说要"使学者先学礼",这是变化气质的入手工夫。"礼"作为圣人的成法,可以有效地约束人的身心,矫正由于气质之偏所带来的一切习气和欲望,正如张载所说的:"但拂去旧日所为,使动作皆中礼,则气质自然全好。"

把学礼作为变化气质的入手工夫并不是宋儒的发明,实际上荀子就明确地告诉人们:治气养心的方法在于礼。具体来说,就是:对血气刚强的,就用心平气和来柔化他;对思虑过于深沉的,就用坦率善良来同化他;对勇敢大胆凶猛暴戾的,就用不可越轨的道理来帮助他;对行动轻易急速的,就用举止安静来节制他;对胸怀狭隘气量很小的,就用宽宏大量来扩展他;对卑下迟钝贪图利益的,就用高尚的志向来提高他；对庸俗平凡低能散漫的，就用良师益友来管教他；对怠慢轻浮自暴自弃的，就用将会招致的灾祸来提醒他；对愚钝朴实端庄拘谨的，就用礼制音乐来协调他，用思考探索来开通他。大凡理气养心的方法，没有比遵循礼义更直接的了，没有比得到良师更重要的了，没有比一心一意地爱好善行更神妙的了。

对于儒者来说，气同样与精神有关。它是发自内心、发自肺腑的一股正气，这股气就是"浩然之气"。孟子说："我善养吾浩然之气。"又说："其为气也，至大至刚，以直养而无害，则塞于天地之间。其为气也，配义与道；无是，馁也。是集义所生者，非义袭而取之也。行有不慊于心，则馁也。"意思是浩然之气是最宏大刚强的，用正义去培养它而不用邪恶去伤害它，就可以使它充满天地之间而无所不在。那浩然之气，与仁义和道德相配合辅助，不这样做，那浩然之气就像人得不到食物一样疲软衰竭。浩然之气是由正义在内心长期积累而形成的，不是通过偶然的正义行为来获取它的。自己的言行若是不得于心，则浩然之气就会衰竭。

孟子所说的"浩然之气"是一种崇高的精神气质，是一种伟大的人格力量，培养它需要从"集义"出发。"义"者"宜"也，适宜恰当之谓，恰当的行为就是"义"，能够产生正气。什么是恰当的行为？往大了说，舍生取义、杀身成仁就是恰当的行为；往小了说，遵守交通规则就是恰当的行为。南宋末年的名臣文天祥有《正气歌》一首，其细数了历朝历代的集义典故，告诉了我们什么叫作恰当的行为：

  天地有正气，杂然赋流形。下则为河岳，上则为日星。
  于人曰浩然，沛乎塞苍冥。
  皇路当清夷，含和吐明庭。时穷节乃见，一一垂丹青。

在齐太史简,在晋董狐笔。

在秦张良椎,在汉苏武节。为严将军头,为嵇侍中血。为张睢阳齿,为颜常山舌。

或为辽东帽,清操厉冰雪。或为出师表,鬼神泣壮烈。或为渡江楫,慷慨吞胡羯。

或为击贼笏,逆竖头破裂。是气所磅礴,凛烈万古存。当其贯日月,生死安足论。

地维赖以立,天柱赖以尊。三纲实系命,道义为之根。嗟予遘阳九,隶也实不力。

楚囚缨其冠,传车送穷北。鼎镬甘如饴,求之不可得。阴房阗鬼火,春院闭天黑。

牛骥同一皂,鸡栖凤凰食。一朝蒙雾露,分作沟中瘠。如此再寒暑,百疠自辟易。

哀哉沮洳场,为我安乐国。岂有他缪巧,阴阳不能贼。顾此耿耿在,仰视浮云白。

悠悠我心悲,苍天曷有极。哲人日已远,典刑在夙昔。风檐展书读,古道照颜色。

浩然之气不是单纯遵守外在的社会规范就可以培养的。孟子就告诫人们说有的人不懂得什么是义,因为把义看成是心外之物。浩然之气是"集义所生",而不是"义袭而取之"。所谓"集义所生",就是平时一直按道义要求自己,有了日久天长的积累才能有浩然之气。所谓"义袭而取之",是指把"义"当作一个外在的无条件要求,强迫人服从。

揠苗助长的故事,就是孟子从这里讲出来的。宋国有个担心他的禾苗不长而拔走它们的人，疲倦地回到家，也对家人说："今天我很累，我帮禾苗长高了。"他的儿子跑到地里一看，禾苗都干枯了。天下有不少人干犯这种拔苗助长的错误，这么做不仅没好处，反而会害死庄稼，对于"义"，我们千万不能犯这个错误。

小知识 《红楼梦》中的气质之论

天地生人，除二仁大恶两种，余者皆无大异。若夫仁者，上应运而生，大恶者，则应劫而生。运生世治，劫生世危。尧、舜、禹、汤、文、武、周、召、孔、孟、董、韩、周、程、张、朱，皆应运而生者。蚩尤、共工、桀、纣、始皇、王莽、曹操、桓温、安禄山、秦桧等，皆应劫而生者。大仁者，修治天下；大恶者，扰乱天下。清明灵秀，天地之正气，仁者之所秉也；残忍乖僻，天地之邪气，恶者之所秉也。

今当运隆祚永之朝，太平无为之世，清明灵秀之气所秉者，上至朝廷，下至草野，比比皆是。所余之秀气，漫无所归，遂为甘露，为和风，洽然溉及四海。彼残忍乖僻之邪气，不能荡溢于光天化日之中，遂凝结充塞于深沟大壑之内，偶因风荡，或被云催，略有摇动感发之意。一丝半缕误而泄出者，偶值灵秀之气适过，正不容邪，邪复妒正，两不相下，亦如风水雷电，地中既遇，既不能消，又不能让，必至搏击掀发后始尽。故其气亦必赋人，发泄一尽始散。使男女偶秉此气而生者，在上则不能成仁人君子，下亦不能为大凶大恶。置之于万万人中，其聪俊灵秀之气，则在万万人之上，其乖僻邪谬不近人情之态,又在万万人之下。若生于公侯富贵之家,则为情痴情种,若生于诗书清贫之族,则为逸士高人,纵再偶生于薄祚寒门,断不能为走卒健仆,甘遭庸人驱制驾驭,必为奇优名倡。如前代之许由、陶潜、阮籍、嵇康、刘伶、王谢二族、顾虎头、陈后主、唐明皇、宋徽宗、刘庭芝、温飞卿、米南宫、石曼卿、柳耆卿、秦少游,近日之倪云林、唐伯虎、祝枝山,再如李龟年、黄幡绰、敬新磨、卓文君、红拂、薛涛、崔莺、朝云之流,此皆易地则同之人也。(《红楼梦》第二回)

六 走上内圣之路的外缘助力

人们喜欢用"因缘"来说明事物发生变化的原因或条件,其实,细说起来,"因"与"缘"代表的含义略有不同。"因"指引生结果的直接原因、内部原因或主要原因。"缘"则指由外来相助的间接原因、外部原因或次要原因。如同一棵参天大树,其种子就是"因",使种子发芽、成长到开花所不可或缺的水分、阳光、土壤等,就是缘。

儒者认为,走上成就自我的内圣之路不仅仅需要内因功夫,还要有外缘助力。这些助力有很多,但儒者特重三种:环境、良师与益友。

1. 选择好环境

环境如何影响人的成长？有这么一个耳熟能详的故事：

孟子小的时候，他和母亲住在墓地旁边。孟子和邻居的小孩一起学大人跪拜、哭嚎的样子，玩起办理丧事的游戏。孟母看到了，很担忧，决定不让自己的孩子住在这样的地方，于是带着孟子搬到市集附近去住。到了市集，孟子又和邻居的小孩玩起商人和屠宰猪羊的游戏。孟母知道了，又很担忧。于是，他们又搬家了。这一次，他们搬到了文庙附近。每月夏历初一，官员到文庙，行礼跪拜，互相礼貌相待，孟子见了之后就跟着学习。孟母很满意，于是定居于此。

这便是《三字经》里"昔孟母，择邻处"的典故。孟母三迁的故事告诉我们环境对一个人成长的重要性。俗话说"近朱者赤，近墨者黑"，环境影响人，好的环境有助于人更好地成长。

说到环境对人的影响，我们不得不提到大儒荀子。荀子因主性恶论，就特别强调环境对人之善恶美丑的决定性影响。他举了四个例子：南方有一种叫"蒙鸠"的鸟，用羽毛编织坐窝，系在嫩芦苇上，风一吹就掉了，鸟蛋全部摔碎。不是窝没有编好，而是不该系在芦苇上面；

杨柳青年画：孟母断机
描绘战国时期孟母三迁择邻断杼教子的故事

西方有种叫"射干"的草，只有四寸高，却能俯瞰百里之遥，不是草能长高，是因为它长在了高山之巅，站得高，所以看得远；蓬草生长在麻地里，不用扶持也能挺立住；兰槐的根叫香艾，一旦浸入臭水中，君子与下人都会避之不及，不是艾本身质地不香，是被浸泡臭了的结果。荀子最后总结说：君子居住要选择好的环境，交友也必须选择有道德的人，这样才能防微杜渐保持中庸正直的德行。

在这里，荀子所说的好环境并不是指山清水秀、风景优美的世外桃源，而是指道德隆盛、礼仪昌明的文化之乡、善良之地。这也是儒家一脉的基本看法，即所谓好环境主要不是指自然环境，而是指社会人文环境。人居住的环境可以改变人的气质，孔子也认为，跟有仁德的人住在一起，才是最好的。如果你选择的住处不是跟有仁德的人在一起，那怎么能说你这个人很明智呢？

儒者并不否认优美的环境有助于人身心的陶冶，但也不会认为穷山恶水就必然出刁民。自然环境的好坏与否、生活环境的舒适与否，并不必然决定一个人德行的高低。事实上，儒者往往怀有深切的忧患意识，在我们过着舒适的生活时，儒者会以"安逸可能亡身"这样的语言来警醒自己；在艰难困苦的岁月里，儒者会以"忧患可以兴邦"这样的精神来鼓励自己。每当我们身处险恶环境，生活不如意的时候，孟子那段著名的话往往就会萦绕在脑海，给我们以激励：

> 舜发于畎亩之中，傅说举于版筑之间，胶鬲举于鱼盐之中，管夷吾举于士，孙叔敖举于海，百里奚举于市。故天将降大任于是人也，必先苦其心志，劳其筋骨，饿其体肤，空乏其身，行拂乱其所为，所以动心忍性，曾益其所不能。人恒过，然后能改；困于心，衡于虑，而后作；征于色，发于声，而后喻。入则无法家拂士，出则无敌国外患者，国恒亡。然后知生于忧患而死于安乐也。

在孟子看来，安逸的生活环境往往会在不知不觉间消磨掉人的奋斗意志，瓦解人的进取精神，相反，艰难困苦的环境反而会磨砺人的斗志，激发人的拼搏奋斗精神。有这样一个有趣而令人深思的试验：把一只青蛙冷不防地扔进滚烫的油锅里，青蛙能出人意料地一跃而出，逃离险境。然后又把这只青蛙放在逐渐加热的水锅里，这次它感到舒服惬意，以致意识到危险来临时却欲跃乏力，最终葬身锅底。这个实验验证了孟子"生于忧患，死于安乐"的正确性。

春秋时期，吴国战败越国，越王勾践屈服求和，卑身事吴王夫差，为了复国，他怕自己贪图舒适的生活，消磨了报仇的意志，就晚上枕着兵器，睡在柴禾堆上，还在房间里挂上一只苦胆，每天早上起来必定先尝一下，经过"十年生聚，十年教训"，终于灭掉了吴国。在卧薪尝胆的故事里，我们看到，勾践为了实现胸中抱负，有意识地在塑造一种能够磨砺身心、激发斗志的生活环境，这正应了那句诗："宝剑锋从磨砺出，梅花香自苦寒来。"

　　但是，我们不禁要问，难道我们就不能有舒适安逸的生活环境吗？难道艰苦的生活环境就必然能激励人的成长吗？答案显然是否定的。舒适安逸的生活环境固然会消磨人的斗志，但却也会给人们更好的生活基础，让人能够抽出更多的精力去从事自己的事业。艰苦的生活环境对于那些拥有坚强毅力、伟大抱负的人来说固然是一种很好的磨砺，但我们大多数人都是平凡人，环境过于险恶困苦，也许就会阻碍我们的成长。所以，我们既不必刻意担忧舒适安逸的生活环境会让我们安于现状、不思进取，也不要刻意去追求一种艰难困苦的生活环境，最好的选择也许在张载这里："富贵福泽，将厚吾之生，贫贱忧戚，庸玉汝于成。"

2. 求良师

在古代,孔子被称为"至圣先师",是所有读书人的老师。"师者"作为受人尊敬的对象,与"天"、"地"、"君"、"亲"并列,受民间百姓的祭拜。俗语说"一日为师,终生为父",这说的就是要像敬重自己的父亲一样尊敬老师。大家耳熟能详的"程门立雪"的典故,说的就是尊师重道的千古美谈。一天,杨时和游酢谒见老师程颐,程颐正在闭目静坐,他们两人就在门外侍立。等程颐醒来,不觉门外已雪深三尺,因而留下"程门立雪"的佳话。

儒家承认有"生而知之"的人,但这种人往往都是如尧舜一样的圣人,即使博学如孔子,也自谦说自己不是生而知之者,而是秉承着"三人行,必有我师焉。择其善者而从之,其不善者而改之"的好学精神,好古择师,敏以求之,并且遇事不耻下问才成就自己的博学多知。孔子"学无常师",只要是在某一方面具有高明知识或见解,能够成为自己老师的,他都拜访学习。孔子周游列国时,曾经问学于郯子、苌弘、师襄、老聃。老聃就是写《道德经》的老子,孔子曾经向他学过礼,对他评价很高,称他为人中之龙:"鸟,吾知其能飞;兽,吾知其能走;

《学琴师襄》
师襄,春秋时鲁国乐官,孔子曾向他学习弹琴

走者可以为罔,游者可以为纶,飞者可以为矢曾。至于龙,吾不能知其乘风云而上天。吾今日见老子,其犹龙邪!"

那么,什么是师者?向老师应该学习什么?韩愈在他那篇著名的《师说》中说得最透彻:

> 古之学者必有师。师者,所以传道受业解惑也。人非生而知之者,孰能无惑?惑而不从师,其为惑也,终不解矣。生乎吾前,其闻道也固先乎吾,吾从而师之;生乎吾后,其闻道也亦先乎吾,吾从而师之。吾师道也,夫庸知其年之先后生于吾乎?是故无贵无贱,无长无少,道之所存,师之所存也。

韩愈像

韩愈（768～824年），字退之，唐河内河阳（今河南孟县）人。自谓郡望昌黎，世称韩昌黎。唐代古文运动的倡导者，宋代苏轼称他"文起八代之衰"，明人推他为唐宋八大家之首，与柳宗元并称"韩柳"，有"文章巨公"和"百代文宗"之名

按照韩愈的解释，"师"具有三种功能：传授道理、教导专业知识和解答疑难问题，其中又以"传道"为最主要。所谓"传道"，传的是圣人之道，简单说就是人之所以为人成圣的道理。所以衡量一个老师的标准，首先必然考虑他能否在德行方面成为弟子的模范，所谓"行高为师，身正为范"。荀子在解释什么是"人师"时就说，如果近处的人歌颂他而且热爱他，远处的人竭力奔走来投奔他，四海之内没有谁不佩服的，这就可以称作是人的老师。当然，正因为老师最重要的作用在于传授成人的道理，弟子向老师学习却不必拘泥于老师的教诲，在做人成圣、提高德行这一件事上完全可以超越自己的老师，孔子才说"当仁不让于师"。

由于生命的有限而知识的无涯，并不是年长者就一定知道所有的知识。孔子就从来不以年龄的高低、学问的渊博与否来衡量一个人是否具有当老师的资格，所以有"不耻下问"的告诫。据说孔子就曾经跟一个小孩学了一招。

孔子于鲁国之西开学堂教授弟子，一日率领诸弟子驾车出游。路遇几个小孩子在嬉戏，其中一个小儿不戏。孔子觉得奇怪，就停车问他：为什么只有你不跟他们一起游玩呢？

小儿回答说："几戏无益。衣破难缝，上辱父母，下及门中，必有斗争，劳而无功，岂为好事？故乃不戏。"

孔子觉得这个小儿很有见地，便问了许多问题，小儿一一回答，

博得了孔子的认可。没想到小儿却反问孔子说:"适来问橐,橐——答之。橐今欲求教夫子一言,明以诲橐,幸请勿弃。"

小儿问:"鹅鸭何以能浮?鸿雁何以能鸣?松柏何以冬青?"

孔子答:"鹅鸭能浮,皆因足方。鸿雁能鸣,皆因颈长。松柏冬青,皆因心坚。"

小儿则说:"不然。鱼鳖能浮,岂皆足方?蛤蟆能鸣,岂因颈长?绿竹冬青,岂因心坚?"

小儿又问:"天上零零有几星?"

孔子答:"适来问地,何必谈天?"

小儿问:"地下碌碌有几屋?"

孔子答:"且论眼前之事,何必谈天说地?"

小儿问:"若论眼前之事,眉毛中有几枝?"

孔子笑而不答,顾谓诸弟子说:"后生可畏,焉能求者之不如今也。"于是登车而去。后人有诗评价说:"休欺年少聪明子,广有英才智过人。谈论世界无限事,分明古圣显其身。"这也正是韩愈所说的"是故弟子不必不如师,师不必贤于弟子,闻道有先后,术业有专攻,如是而已"的意涵所在。

在谈到老师这个话题时,有一点需要我们格外注意,那就是儒家主张亲近贤人,拜师学习,但在涉及个体自我修养时,强调要警惕一种"好为人师"的弊病,孟子就说:"人之患,在好为人师。""好为人师"的弊病不在于"为人师",而在"好"上。所谓"好",说的是"不问而告"、"问一而告二"的情形,别人没有向我请教问题,或只问了我一个问题,我却自命不凡,以为天下事没有什么不知道的,就处处指点,卖弄学问。实际上,孟子并不是反对老师这一职业,而是反对这样一种心态——觉得自己比别人优越,处处教训别人。老师是什么？老师是道德的先觉者，担负着觉悟后来人的道德使命，孟子就自诩说："天之生此民也，使先知觉后知，使先觉觉后觉也。予，天民之先觉者也，予将以斯道觉斯民也，非予觉之而谁也！"这种"当今天下，舍我其谁"的气魄并不会给人以盛气凌人之感觉，反而会给人以勇担大任的大丈夫气概的认可，所以孟子才会说自己的人生有三乐，"得天下英才而教育之"就是其中之一。

那么如何做一个好老师？荀子的观点或许会给我们以启迪，他说教师除了有渊博学问之外，应具备四个基本条件：一要有尊严的威信；二要有丰富的阅历和崇高的信仰；三要有讲授儒家经典的能力，能够根据教材的内在逻辑，循序渐进，诵说时有条有理，不凌不乱；四要能钻研和精通教材的精粗，并且善于阐发微言大义，而不是记问之学。

小知识◎天地君亲师的来历

明朝永乐年间，三朝元老贾宰相七十大寿。曾以"神童"著称，14岁入朝的翰林学士解缙，对明成祖说：臣要送一件宝物给贾宰相，让他们家世世代代顶礼膜拜。

明成祖觉得解缙说话太狂妄，便半真半假地说：那么，我们不防打个赌。解缙问：不知圣上有何赌法？明成祖说：我要让你那件宝物根本摆不上正堂。解缙也毫不示弱地说：我不仅要摆在正中间，而且要人人向它打躬作揖！

贾宰相的寿诞之日转眼就到了，明成祖考虑再三，亲笔写了个斗大的"寿"字，令人用金片连夜赶制出来。第二天天刚亮，就派人送到了贾府。贾宰相见万岁送来如此贵重的礼物，真是受宠若惊，立即摆香案跪接，并披红挂彩，将金寿字摆在堂屋中间，还特地在两旁各点燃一支红烛以示尊重。明成祖心想：做寿的时候送"金"字，又是朕御笔亲书，这是任何礼品也不能替代的，看来这次与解缙打赌是万无一失了。

早饭后，明成祖为了能亲眼看看解缙的花招，竟不顾"君不拜臣"的礼节，早早便起驾来到贾府。谁知来贺寿的文武百官都到了，却一直不见解缙露面，眼看拜寿仪式就要开始，解缙才姗姗来迟。更奇怪的是他竟什么礼物也没有带，进门之后，首先拜见万岁说："不知圣驾来临，有失君臣之礼，万望恕叩。"明成祖说："不知者不为过，只是爱卿与朕打赌之事……"万岁话音刚落，解缙马上就说："与圣打赌之事臣拳拳在心，岂敢有忘。""既然不敢忘，却为何孤身独影而来，两袖清风而至，莫非爱卿会变戏法不成？"一席话说得文武百官哈哈大笑。贾宰相更是不失时机地奚落道：解学士不是说要送一件让老朽全家子孙万代顶礼膜拜的贵重礼物吗？想必是怕把万岁爷的金寿字比下去了，才不敢拿出来吧？……贾宰相的话还没有说完，就被群臣们的戏笑声给打断了。

明成祖见解缙沉默不语，又不无怜惜地说：解学士既然认输，众爱卿就别再难为他了，还是快饮酒贺寿吧。贾宰相本想趁此机会将解缙奚落一番，见万岁开了金口，也只得很不情愿地坐到那把早已准备好的太师椅上，准备接受儿孙和下属的礼拜。

哪料到主持司仪，刚刚说了一句"开始拜寿"，解缙就一步上前，制止道："且慢！"说着从袖筒里抽出小半卷红纸，随即往堂屋后墙的正中央一贴说：还是先拜拜祖宗牌位再说吧！贾宰相抬头一看，只见解缙说的所谓"祖宗牌位"不过是在红纸上写着三行字。中间写的是"天地君亲师位"六个大字，左右写的是"贾氏堂上宗祖"和"九天东厨司命"两行小字，便冷笑一声说：什么祖宗牌位？顾名思义，祖宗牌位就应以"贾氏堂上宗祖"六个字为主。

解缙不以为然地说：有道是：天生我，地载我，君管我，亲养我，师教我。请问贾大人，难道你的"贾氏堂上宗祖"，能大于天地，高于君主么？更何况贾氏堂上宗祖同样是父母养的，老师教的，未必他们可以不尊重父母双亲、不敬重教诲自己的师长？

一席话，说得贾宰相瞠目结舌，无言以对。不得不点头称是，但他也不愧为三朝元老，话锋一转，又问：这"天地君亲师"的位置摆在正中间就算是理所当然吧！不过，我贾氏堂上宗祖，按照右为尊上之位的惯例，摆在右边总该是名正言顺的吧！为什么非要摆在左边呢？

解缙没有正面回答贾宰相的问话，而是反问道：请问贾大人，还记不记得腊月二十四送九天东厨司命，也就是送灶王菩萨上天时的那副对联吗？贾宰相想都没有想，便回答说：当然记得，上联是：上天言好事，下联是：下界道吉祥。横批是：一家之主。解缙紧接着又追问了一句：请问这一家之主，应不应该享受"尊上之位"呢？没等别人回答，又接着说：灶神是上自天子，下至庶民，家家户户，无不供奉，难道还不如你一姓之宗祖吗？

那时候，人们都说灶王爷能上通天界，下统五行，主人寿命，赐人福禄，因此，谁也不敢怠慢。贾宰相虽然身居一人之下，万人之上，却也不敢不敬重灶王爷。解缙的这一手绝招，实在使明成祖始料不及。皇帝再大也只能是"天子"而已，面对"天地乾坤"和"九天东厨司命"，他仍然是小巫见大巫，不得不将那金字寿搬到一边，带头拜起天父、地母和司命爹爹来，贾宰相和文武百官见万岁都对着解缙送来的寿礼打躬作揖，那还敢说半个不字，一个个磕头如象鸡啄米。贾宰相见自己的一场隆重的"古稀"之寿，就这样被解缙轻而易举地搅乱了，真是哑巴吃黄莲，有苦说不出。

而解缙虽然取胜，却因此得罪了皇帝。永乐五年（1407年），明成祖以"泄禁中语"和"廷试读卷不公"为借口，将解缙贬至广西。三年后，又以"无人臣之礼"的罪名将解缙捕入狱中，并派人将其杀害。

解缙虽然被杀，而他所独自设计的祖宗牌位却没有人敢更改，所以，从此以后，祖宗牌位仍然写着："天地君亲师位"、"九天东厨司命"和"某氏堂上宗祖"三行字，这就是祖宗牌位的来历。

3. 择益友

良师与益友往往是相提并论的。儒家告诉我们，一个人想提高自己的德行，除了需要接受老师的教诲之外，还需要有志同道合的朋友一起切磋，共同成长。相处得愈久，关系就愈密切，那彼此的相互影响也就愈远且大。

俗话说"物以类聚，人以群分"，其道理无非是说什么样的人交往什么样的朋友，而交往什么样的朋友就会成为什么样的人。所以人们常常会说，要看清一个人的品行，只要看他交往什么样的朋友就可以了。《围炉夜话》说："能结交直道朋友，其人必有令名。肯亲近耆德老成，其家必多善事。"《说苑》也说："与善人居，如入兰芷之室，久而不闻其香，则与之化矣；与恶人居，如入鲍鱼之肆，久而不知其臭，亦与之化矣。"说的就是这个道理。正因为如此，人与人在相处交往时，就不能不慎重，不能不有所选择。选择什么样的朋友，往往会影响你成为什么样的人：友绿竹便得其虚心，友黄华便得其晚节，友松柏便得其本性，友芝兰便得其幽芳。

孔子就是一个十分愿意交朋友，也非常善于交朋友的人。《论语》

开篇第一章就说:"学而时习之,不亦说乎?有朋自远方来,不亦乐乎?"令孔子高兴的两件事,一是学习,二是交友,可见孔子把交友放在何等重要的地位。我们为什么需要朋友?孔子有句名言:"无友不如己。"说的就是与朋友交游,将他的好处留心学来,方能受益。读书是学习,交友也是学习,而且是最重要的学习。每个人都有自己的长处,也都有不同的缺点,交朋友最大的收获就是从朋友身上认识自己,在朋友那里完善自己,儒家把这称为"以文会友,以友辅仁"。

　　一个以过一种道德生活自诩的儒者,在交往朋友时,看重的是一个人的品德与节操。用孔子的话来说就是"德不孤,必有邻",用孟子的话说是"友其德",即以德行交往朋友。明代儒者杨继盛对他的两个儿子说:"你们两个年幼,恐油滑人见了,便要哄诱你们,或请你们吃饭,或诱你们赌博,或以心爱之物送你们,或以美色诱你们,你们一入圈套,便吃他亏,不惟荡尽家业,且使你成为不好的人。若是有这样人哄你们,便想我的话来识破他。合你们好,若不好便远了他。拣着老成忠厚肯读书肯好学的人,与他肝胆相交,语言必信,逐日与他相处,自然成一个好人,不入下流也。"这可以说是古今中外为人父母者的共同心声,谁不担心自己的儿女学坏?谁不希望自己的儿女学好?所以人不能无友,但要谨慎择友,荀子告诫我们说:匹夫不可以不慎重地选择朋友。朋友,是用来互相帮助的。如果奉行的原则不同,用什么来互相帮助呢?把柴草均匀地铺平而点上火,火总是向干燥的柴草上烧去;在平整的土地上灌水,水总是向潮湿的低洼地流去。同类事物的互相依随如此显著,根据朋友来观察人,还有什么可怀疑的?选取朋友,和别人友好,不可以不慎重,这是成就德行的基础。《诗》云:"别扶牛车向前进,尘土茫茫会脏身。"就是在告诉我们不要和小人相处。所以交友的第一原则就是重德性,"友以成德也，人而无友，则孤陋寡闻，德不能成矣。"

"人生得一知己足矣，斯世当以同怀视之。"中国人十分重视朋友之交，把朋友作为"五伦"之一（五伦即君臣、父子、兄弟、夫妇、朋友五种人伦关系），由此可见朋友在我们生活中的重要地位。伯牙与子期的高山流水，是千古知音；廉颇与蔺相如的负荆请罪，是生死之交；管仲和鲍叔牙的理解包容，是体谅之交；庄子与惠施的惺惺相惜，是莫逆之交；孟郊与韩愈的情志相得，是忘形之交……我们在称颂这些千古佳话的同时，也不禁自问：我们需要什么样的朋友来做我们的人生知己？《论语》里面给出了答案。孔子说世界上对自己有帮助的有三种好朋友，就是所谓的"益者三友"，即友直、友谅、友多闻。

第一种，友直。直，是正直。这种朋友为人真诚，坦荡，刚正不阿，有一种朗朗人格，没有一丝谄媚之色。他的人格可以影响你的人格，

《听琴图》
伯牙善鼓琴，钟子期善听。伯牙鼓琴，志在高山，钟子期说："巍巍乎志在方山！"志在流水，钟子期说："洋洋乎志在流水！"伯牙每次想到什么，钟子期都能从琴声中领会到伯牙所想

他可以在你怯懦的时候给你勇气，可以在你犹豫不前的时候给你果决，也可以在你犯错误时直言不讳地当面告诫。凡是肯规我之过者，都是好朋友。所以孔子主张朋友之间应该"切切偲偲"，即应该互相批评。每个人都有自己的想法，这是好事情，想法可以在与朋友的辩难与交锋中得到改进或完善。如果朋友有了缺点不敢批评，那不仅是对朋友的不诚实，也是对自己的不诚实。大家彼此彼此，哪能有什么长进呢？

第二种，友谅。《说文解字》说："谅，信也。"信，就是诚实。这种朋友为人诚恳，不作伪。与这样的朋友交往，我们内心是妥帖的，安稳的，我们的精神能得到一种净化和升华。

第三种，友多闻。这种朋友见闻广博，用今天的话说就是知识面宽。与这样的朋友交往，我们的知识会在不知不觉间变得广博。当我们因为某一个难题而愁思苦想没有答时，朋友简单的一句提醒或许就会让我们受益良多。多闻广博的朋友，也是我们的老师，这也是古人往往"师友"并称的原因所在。范仲淹在浙江桐庐做太守时，因敬仰东汉隐士严子陵，特地在桐庐宜春江给他建造了祠堂，并写了篇《严先生祠堂记》，文中有一首赞颂严子陵的诗："云山苍苍，江水泱泱，先生之德，山高水长。"文章写成后，范仲淹把它给友人李泰伯看。李泰伯读后认为："云山"、"江水"等词，从内容上说，很宏伟；从用语上说，极有气派，而下面用一个"德"字接它，似乎显得局促，换个"风"字怎么样？范仲淹听后，把诗再低低吟诵一遍："云山苍苍，江水泱泱，先生之风，山高水长。"果然味道大不相同，"风"有"风传千里"、"风流千古"的意味，因此更能反映对严子陵崇敬的意思。范仲淹连忙称谢，拜李泰伯为"一字师"。

孔子在说"益者三友"之外，也说"损者三友"，即友便辟，友善柔，友便佞。友便辟，即是同巧言善辩的人交友；友善柔，即是同善于阿谀奉承的人交友；而友便佞，即同惯于花言巧语的人交友，孔子认为与这三种人交朋友是有极大危害的。我们常常说的"酒肉朋友"、"狐朋狗友"等，往往就是儒家所反对的"损友"。所以，并不是什么人都可以交朋友的，而选择朋友也是有攻略的。孔子告诉我们一个总的择友原则，那就是："视其所以，观其所由，察其所安。"意思就是说对人应当听其言，而观其行，还要看他做事的心境，从他的言论、行动到他的内心，全面观察了解一个人，那么这个人就没有什么可以隐瞒的了。

当然，当我们用孔子的择友原则去考察别人是否可以做益友的时候，别人实际上也在用同样

庄子与惠施
庄子与惠子是互相辩难的好朋友。《庄子·秋水》里有一段著名的辩论：庄惠游于濠梁之上。庄子曰："儵鱼出游从容，是鱼之乐也。"惠子曰："子非鱼，安知鱼之乐？"庄子曰："子非我，安知我不知鱼之乐？"惠子曰："我非子，固不知子矣；子固非鱼也，子之不知鱼之乐全矣！"庄子曰："请循其本。子曰'汝安知鱼乐'云者，既已知吾知之而问我，我知之濠上也。"

的原则考察我们是否具有益友的资格。所以，儒家在主张择良友以进德时往往也告诫学者：应该以要求朋友之心来要求自己。换句话说就是，你希望朋友做到什么，首先你必须先做到。你希望朋友正直，首先必须自己做到正直；你希望朋友诚信，首先必须自己做到诚信；你希望朋友多闻，首先必须自己努力广博。这几项择友原则中，儒家认为最重要的便是"信"，主张"与朋友交，言而有信"。孔子就说："人

而无信，不知道还有什么事可以做好。"说过的话必须做到，言必信，行必果，有一说一，有二说二，这恐怕是与朋友交往的最重要原则。

那么如何取信于朋友？还是孟子说到了点子上："信于友有道：事亲弗悦，弗信于友矣。"取信于朋友是有方法的，那就是孝敬父母，使父母能够快乐，只有这样才能取信于朋友。换句话说，一个不能与家庭和睦的人，又如何能取得别人的信任呢？

七 由『修己』走向『安人』

作为儒家核心思想的"仁"是一个很形象的字,从人从二,两个人在一起才构成了"仁",因此,"仁"在儒家那里更多地可以说是一种人际交往行为理论。当孔子说"仁者"需要从"爱人"开始做起的时候,实际上是在告诉我们:内圣的德性需要外王的实践去证明,去巩固。所以又提出了"修己以安人"的思想。

1. 安人之道的"三纲领"

《周易·坤卦》指出:"君子黄中通理,正位居体,美在其中,而畅于四肢,发于事业,美之至也。"就是说,只有将内在之德表现于事业上,才是最完美的人格。

儒者最美的事业在哪里?孔子说要使人"安","安人"主要具有两层意思:一是教导他人;二是治理百姓。这也正是儒者所奉行的大学之道的基本内涵所在。

儒家的大学之道有"三纲领",其一是"明明德",简单来说,就是发现人本有的光辉德性,这既可以说是在告诫我们,自己应该发现本心本性中固有的光辉德性,是内圣的要求,同时也是儒者要担当起教导他人发现自己固有光辉德性的重任,属于外王的范畴。"学而优则仕",可以说是中国古代知识分子最普遍执著的人生信条,出仕,从粗俗意义上说,可以升官发财,光宗耀祖;而从高尚意义来说,可以施展抱负,利济苍生。然而读四书五经的读书人那么多,真正通过"学优"而出仕并在仕途上春风得意的人毕竟是少数。当一个儒者无法入仕为官、治理百姓的时候,首先的选择不是如陶渊明这般的隐士,享

陶渊明

陶渊明（约365～427年），字元亮，号五柳先生，世称靖节先生，入刘宋后改名潜。东晋末南朝宋初期诗人、文学家、辞赋家、散文家，浔阳柴桑（今江西省九江市）人。曾做过几年小官，后辞官回家，从此隐居

受"采菊东篱下，悠然见南山"的闲情雅致，而是如孔孟那般"得天下英才而教育之"，以先觉觉后觉，教化天下，救治人心，正所谓"不为良吏，便为良师"。这一类的典型代表是孔孟荀三位大儒，他们德才兼备，但他们在世时并没有成为王者，也并没有得到王者的重用，只能退而著书立说，教书育人，以德化天下。

人们习惯于把儒家人生哲学概括为"穷则独善其身，达则兼济天下"，似乎当一个人在仕途上不得意时往往只能回归内圣修己的道路上，只能独善己身，而不能兼济天下了。实际上这种理解是片面的，儒家并没有这么消极，它的主流声音是"天行健，君子以自强不息"，是主张积极入世的，要求人在穷困的境遇中仍要奋发有为。所以孟子的这句话，一方面是说当穷困时我们应该坚持自己的操守，不能随便放弃自己的良心；另一方面，还需要"当今天下，舍我其谁"的自信，应该用另一种方式来为社会做贡献。明代学者吕柟说人的"事业"有两种表现：见用时，"百姓受些福"；不见用时，"与乡党朋友论些学术，化得几人"。这是儒家的选择，明儒陈献章说得好："昔者尧、舜、禹、汤、文、武、周公道大行于天下，孔子不得当位，泽不被当世之民，于是进七十子之徒于杏坛而教之，择善力行，以底于道德。其至也，与天地立心，与生民立命，与往圣继绝学，与来世开太平。若是者，诚孔子之教也。大哉！教乎。"所以，不得仕途之志的儒者往往选择教育，广收门徒，谆谆教诲，希望这些弟子能够学有所成，以便将来在社会上建立功业，

这是儒家一脉相承的精神与追求。

孔子弟子三千,而贤者七十二人,他们大都在事业上有所成就。历史上就有许多大儒,他们自己没能直接为社会做什么,但他们创办书院,培养的很多弟子取得了事业上的巨大成就。被称为"宋初三先生"之一的胡瑗就是这样一位大教育家,他奉行"致天下之治者人才,成天下之才者在教化"的理念,所以广开教化。据统计,他的学生有1700多人,成为当时朝野名人的甚多,据《宋元学案·安定学案》中记载的就有50多位,其中,程颐、范纯祐、范纯仁、盛侨、顾临、孙觉、钱公辅、钱藻、欧阳发等均成为宋时一代名臣与学者。他们当中,有的官至相位,有的累官龙图阁学士、枢密直学士、国子监直讲。当胡瑗在太学当老师时,受教者中包括皇室多位储君、众多知名学者及吏部中的近半官员,故深得学生与朝廷上下的敬重,被视为一代宗师。宋神宗称他为"真先生"。他还被王安石誉为"天下豪杰魁",范仲淹尊为"孔孟衣钵,苏湖领袖"。在他身上,真正贯彻了儒家重教育的理念,所以明代学者程敏政断言:"自秦汉以来,师道之立,未有过瑗者。"

陈献章像

陈献章(1428～1500年),字公甫,号石斋,因曾在白沙村居住,人称白沙先生。明代思想家、教育家、书法家、诗人,广东唯一一位从祀孔庙的明代硕儒

胡瑗像

胡瑗(993～1059年),字翼之,北宋理学先驱、思想家和教育家。因世居陕西路安定堡,世称安定先生。与石介、孙复并称"宋初三先生"

纲领之二是"亲民",必须在有的道德生命之外去治理百姓,创建伟大的功业。用现在的话来说就是"爱民",就是当政者要亲近、亲爱百姓,要为百姓谋福祉,要做出实际的功绩来为民众服务,因此,这一纲领说的是当政者如何治理百姓的问题。在儒家眼中,当政者分为两个主体,即"圣君"与"贤臣"。说到明君,典型的代表便是尧、舜、禹、汤、文王、武王等,按照儒家的说法,"大德者必受命","大德者必有位",这些古圣寄托了儒家的王道理想。孔子尽管有王者之德,却没有王者之位、王者之业,所以只能称为"素王"。说到贤臣,典型代表则更多,伊尹、周公、诸葛亮,可谓历朝历代都有其人,范仲淹那句"居庙堂之高则忧其君,处江湖之远则忧其民"的名言,就形象地说明了贤臣的人格特征与政治理想。

当然,对于个体来说,由于受到种种条件的制约,教化民众与治理百姓这两项安人的事业不可能都做到。但对于儒家群体来说,教化与治理这两个领域就不是截然分开的,对于儒者来说,教化本身就是参与治理的一部分,而对于入仕途治理百姓的官员来说,他们往往是多重身份集于

商汤像
商汤(?~公元前1588年),子姓,名履,河南商丘人,商朝的创建者,在位30年,其中17年为夏朝商国诸侯,13年为商朝国王。今人多称商汤

周武王像
西周武王(约公元前1087~前1043年),姬姓,名发,谥号武王,周文王次子

七 由"修己"走向"安人" | 91

一身的典范,如正史书中大力宣传的"循吏",他们担负的一项很重要的使命就是教化治内的百姓,提升辖区内的社会整体道德水平,这也是衡量官员政绩的最重要指标之一。

　　纲领之三是"止于至善"。何谓"至善"?字面意义很清楚,是最高的善。那什么又是最高的善?儒家的理想是使人人都具有圣人的德性,能够建立王者的功业,这种德业俱全者可称为最高的善。儒家的政治往往被称为"道德的政治",孔子提出的"修己以安人"的思想就是以启迪人的道德良知,实现所有人的至善为最高目标的,这里,"安"具有安顿的意思,使人安顿于斯,成就于斯,这是人生最美好的事业。

伊尹像

伊尹,名伊,一说名挚,河南洛阳人,商初大臣。因为其母在伊水居住,以伊为氏,尹为官名。他是中国历史上第一个贤能相国、帝王之师、中华厨祖,奉祀为商元圣

2. 安人之路始于和睦家庭

《大学》里设计了一个儒者实现安人理想的具体步骤：齐家，治国，平天下。按照这一步骤，儒者的"安人"之路分为家、国、天下三个递进的层级，主张只有实现家齐才能有国治与天下平，认为只有维系、安顿和教育好了自己的家庭生活的人，才有可能教化与治理好社会国家，所以"安人"之路始于家庭生活的和睦。

孟子说："人人亲其亲、长其长而天下平。"如果社会上每一个家庭都能和睦幸福，那么由无数个家庭所组成的天下国家也就和谐太平了。家庭是由关系构成的，对于一个家庭来说，最基本的伦常关系是父母子女、兄弟与夫妻，如何维系一个家庭的和睦，关键在于如何正确处理与父母、兄弟和妻子的关系。儒家的基本主张是父慈子孝，兄友弟恭和夫妇和睦，如《礼记·礼运》就说："父子笃，兄弟睦，夫妇和，家之肥也。"

儒家认为家庭生活始于夫妇，夫妇为人伦之开始。《周易·序卦》说："有天地然后有万物，有万物然后有男女，有男女然后有夫妇，有夫妇然后有父子，有父子然后有君臣，有君臣然后有上下，有上下

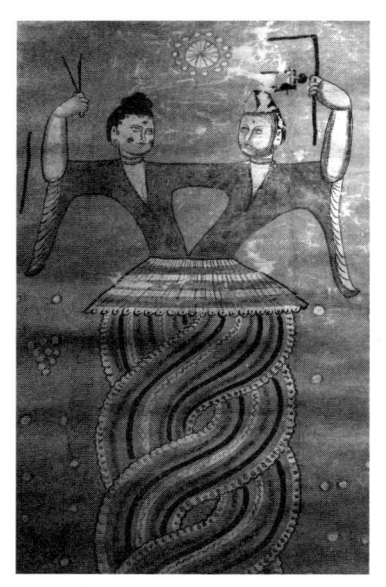

伏羲女娲交尾图
传说伏羲和女娲是第一对夫妻，是人类的始祖

然后礼仪有所措。"所以要想"齐家"，就必须从处理好夫妇关系着手，如《中庸》就说："君子之道，造端乎夫妇。"那夫妇关系应该如何维系？按照《礼记》的规定，应该是"夫妇有义"。"义"是举措适宜的意思，也就说，夫妇之间应该遵循一定的相处规范，过一种合乎礼法的婚姻生活。例如：

夫妇的结合必须明媒正娶，这才合乎礼仪。《诗经·南山》说："娶妻如之何？必告父母……娶妻如之何？匪媒不得。"孟子说："丈夫生而愿为之有室，女子生而愿为之有家。父母之心，人皆有之。不待父母之命，媒妁之言，钻穴隙相窥，逾墙相从，则父母国人皆贱之。"大意就是说男人和女人都想要有个家，但成家必须要秉持父母之命和媒妁之言，如果没有这些，翻墙钻洞去幽会，那是得不到父母的祝福的，也会遭到世人的唾弃。

夫妇分工有别，我们也常说"男主外，女主内"。《醒世恒言》中有一则故事对男女分工作了生动的描述："男子主四方之事，女子主一室之事。主四方之事的，顶冠束带，谓之丈夫；出将入相，无所不为；须要博古通今，达权知变。主一室之事的，三绺梳头，两截穿衣。一日之计，止无过饔飧井臼；终身之计，止无过生男育女。所以大家闺女，虽曾读书识字，也只要她识些姓名，记些账目。她又不应科举，不求名誉，诗文之事，全不相干。"

夫妇主从有别，妻子必须绝对服从丈夫，不可违背，这叫作"夫为妻纲"。夫妻之间应该相亲相敬，儒家提倡"执子之手，与子偕老"的爱情观，对于丈夫来说，应该是"糟糠之妻不下堂"；而对于妻子来说，应该"从一而终"。儒家虽以孝为百善之先，却也不忽视夫妻相濡以沫的品行德操。

3. 家国同构的中国式管理智慧

儒家认为在处理与父母兄弟的关系中蕴含着治国安人的管理智慧。

儒家主张"父慈子孝"。所谓"父慈",就是父母应该对子女慈爱。慈爱并不是溺爱,也不是偏爱某一个子女,而是应该对子女一视同仁。慈爱首先表现在生养子女方面,父母呕心沥血,将子女养育成人;其次则表现在教育子女方面,父母言传身教,教导成才。古人特别重视父母对子女的教育,《三字经》说"养不教,父之过";司马光说"为人父母者,不患不慈,患于知爱而不知教也";曾子以杀猪一事教育儿子要言行一致,诚实守信;孟母以断织来教育孟子为学勤勉,不能半途而废,这些都是为人父母者需要学习的典范。

与父慈相对应的是子女对父母的孝。"孝"是古人最看重的伦理规范,被视为"德之本"、"百行之源",是天经地义的,也是人之为人最不可忽视的东西,孟子就说:"不得乎亲,不可以为人;不顺乎亲,不可以为子。"如何尽孝?儒家的要求是:赡养父母要尽心尽力。孝是全方位的,"居则致其敬,养则致其乐,病则致其忧,丧则致其哀,

祭则致其严"。具体来说,应该做到以下几点:

第一,满足父母的物质生活需求。俗话说"养儿为防老",父母在世时应该尽到赡养的义务,而不是在父母去世后做到风光大葬,正如前人说的:"人子于父母在时,不思勉力奉养,及至殁后,虽享祀丰洁,一陌纸钱值几文?一滴何曾到九泉?况又有一陌不烧,一滴不灌者耶!"赡养父母也非天天美味佳肴,日日绫罗绸缎,而应视家庭的经济条件而定,以自己所拥有的全部来供养父母,就是孝之至。

第二,为人子者应该让父母远忧愁,有欢颜。侍奉父母应了解父母的心事,要和颜悦色,使父母心情愉快。不能使父母担忧自己,出门要让父母知道去向,"父母在,不远游,游必有方"。子女还应该立功名使父母之名得到显扬,《孝经》就说:"立身行道,扬名于后世,以显父母,孝之终也。"子女有贤名,也会为父母争光,子为贤人,则其父为贤人父;子为圣人,则其父为圣人父。叔梁纥之名至今不朽,不正是因为他是孔圣人的父亲吗?此外,为人子女者,还应该不做恶事坏事,以维护父母的名声。孔子就教导我们,父母去世以后,应该谨慎自己的行为,不让父母留下不善教子的恶名,就是最好的尽孝。所以,凡是能够给父母留下恶名的行为,都必须坚决避免。

第三,要顺从父母的旨意,做到恭敬。孔子说子女养活父母要有敬心,对待父母的态度要恭敬,具体来说,"孝子侍亲,不可有沉静态,不可有庄肃态,不可有枯淡态,不可有豪雄态,不可有劳倦态,不可有疾病态,不可有愁苦态"。对父母的恭敬并不是无原则地一味顺从,真正的孝应该表现在劝谏父母的过错上。父母有错,子女应当据理谏诤,孔子就说,如果父亲有能谏诤的子女,就不会陷于不义之地。所以当父亲身处不义之地时,当子女的就应该据理力争,如果顺从了父亲的不义,又怎能称为孝呢?子女在谏诤的过程中,不能因为自己有道理就对父母大声呼喝。在谏亲改过的过程中，一定要注意说话的方式，应该"下气怡气，柔声以谏"；如果父母不听劝谏，为人子女的仍然要"敬不违，劳而无怨"。而且劝谏应该局限在家庭内部私密空间中，不能向外张扬，否则就是不孝，所以当有人向孔子请教对"其父偷羊，其子证之"这件事的看法时，孔子提出应该"父为子隐，子为父隐"的观点。现代法律中亲属回避的原则，实际上也就是维护亲人之间的血脉亲情。

第四，须思亲念亲。子女不可能时时刻刻与父母居住在一起，但无论什么时候，都不能忘记父母。《治家格言》说："逢食思亲，遇节思亲，饥寒思亲，疾病思亲，安乐思亲，忧患思亲，嫁娶思亲，诞日思亲，出身思亲，养儿思亲。"父母去世，要在"慎终追远"中思念父母。"慎终"，指的是办好父母的丧事，以报答父母生前对子女的养育之恩。"追远"，指祭祀先祖。祭祀的目的在于继续对先人尽孝，所以"祭"必须是发自内心的追思。

第五，不孝有三，无后为大。传统社会是以血缘为纽带的家族式社会，以多子多孙为家庭兴旺的象征，所以儒家特别看重有后代。孟子说："不孝有三，无后为大。"所谓"三不孝"，是指一味顺从，见父母有过错而不劝说，使他们陷入不义之中；家境贫穷，父母年老，自己却不去当官吃俸禄来供养父母；不娶妻生子，断绝后代。无后则是最大的不孝，为了有后代，舜不告而娶也被看作是尽孝。

第六，为父母守身不毁。所谓"守身"，即保护好自己的身体。《孝经》说："身体发肤，受之父母，不敢毁伤。"曾子快去世时，就曾向弟子儿女展示自己手足的完整，称可以无所愧疚地去见先人父母了。他曾听孔子这样说过："父母全而生之，子全而归之，可谓孝矣；不亏其体，不辱其身，可谓全矣。"即是说，父母给了子女一个完整的身体，子女死后理应将自己的身体完好地归还给父母。

对家庭来说，孝道是和睦家庭的齐家之方略，而对于国家天下来说，孝道就是治理百姓的安人之法度。尽孝的人可以被"举孝廉"，从而步入仕途。儒家提倡"天子之孝"，内容是"爱敬尽于事亲，而德教加于百姓，刑见于四海"，所谓"德教加于百姓"，是强调教化民众；所谓"刑见于四海"，是强调治理百姓，显然"天子之孝"说的就是天子如何安人安百姓的话题，由家庭伦理而推及国家秩序。

家庭中最后一层重要的关系是兄弟关系。儒家主张兄弟都是父母血气所生，是"分形连气之人"，如同一个身体的手足一样，所以往往用"手足之情"来形容兄弟之间的血缘亲情。儒家认为理想的兄弟关系应该是"兄友弟恭"，即哥哥友爱弟弟，弟弟恭敬哥哥，兄弟友爱正是人生之幸，门庭之瑞。汤显祖说："兄爱其弟，弟敬其兄，终身不改，家门之幸也。"做到兄友弟恭，能使家庭长幼有序，儒家认为，这种兄弟关系也可以作为安人的基本原则用于社会管理中，《大学》就说"弟者，所以事长也"，意思是说兄弟关系可以运用到上下级的相处中去。

曾有人问孔子：你为什么不从政？孔子回答说：《尚书》说："孝乎惟孝，友于兄弟，施于有政"。孝顺父母，友爱兄弟，这就是在从政，怎么能说我不从政呢！可见，儒家主张安人始于齐家，就在于相信家国同一结构，维系家庭和睦的人生智慧可以运用到治国平天下的外王功业中去，这也正是推己及人的恕道原则的具体体现。

八 治国平天下的基本方略

"安人"最终是要落实到"安百姓"上的,所以要治国平天下。治国平天下与齐家的精神是相通的,孝悌之原则可以用于治理天下百姓身上,但说到具体如何做时则有方略的不同。儒家治国平天下的基本方略在孔子那里得到了确立,这就是孔子提出的"为政以德"的德政思想。尽管之后的孟子讲"仁政",荀子讲"礼治"和"法治",但贯穿其中的还是孔子的"德治"精神。

孔子说:"为政以德,譬如北辰,居其所而众星共之。"北辰,就是北极星,古人以之为天之枢纽,众星四面旋转环绕而归向它,德政原则正如天上的北极星一样,说明德政是当政者需要遵循的最基础、最核心的原则。为了更有效地管理国家、平治天下,围绕着德政这一基本原则,儒家提出了一系列的基本方法和策略。

1. 为政以正

"政"在儒家这里是"正"的意思,所谓"为政"就是正人之不正之处。

为政以正的第一层含义是正人当从正己开始。儒家论为政主张一"德"字,按照《中庸》的说法,"大德必得其位,必得其禄,必得其名,必得其寿",儒家相信政治的好坏是与当政者的道德修养密切相关的,"德为圣人",则"尊为天子",天子有君位,正是有德的结果。"德"是王者必备的条件,所以儒家要求执政者正人必先正己,治人也必先治己。

孔子反复强调说,施行德政的首要原则是当政者应以正己为先,德必称位。季康子问政,孔子回答说:"政者正也,子帅以正,孰敢不正?"鲁哀公问政,孔子也说:"政者正也,君为正,则百姓从政矣。君之所为,百姓之所从也;君所不为,百姓何从?"为政者如果能够立身正道,以身作则,为人表率,百姓也会走向正道,上行下效;若连当政者都不能立身行道,又如何能够要求百姓遵从?所以孔子说:"其身正,不令而行;其身不正,虽令不从。"孔子把当政者的德行比喻为"风",百姓之德行比喻为"草",风向那边吹,草就向那边动,所以是"上好礼,则民莫敢不敬;上好义,则民莫敢不服;上好信,则民莫敢不用情"。当政者希望百姓信守礼法,去恶从善,首先必须自己带头做到这些,然后才有资格去要求百姓。

这种主张也为孟子和荀子所继承。孟子说:"君仁莫不仁,君义莫不义,君正莫不正。一正君而国定矣。"只有人君先行仁义,一国百姓才能风从影随,"其身正则天下归之"。荀子也强调君主正己的重要性,他说:"君者仪也,民者景也,仪正而景正;君者盘也,民者水也,盘圆而水圆。"意思是说国君就像测定时刻的标杆,民众就像标杆的影子,标杆正直,那么影子也正直;君主就像盘子,民众就像盘子里的水,盘子是圆形的,那么盘子里的水也会是圆形的。在所有治理国家的人当中,荀子最重视君主的作用,他甚至把国君称作是"民之源",认为"源清则流清,源浊则流浊",国君有德与否,关系着整个国家的兴衰治乱,不可不慎。

到了"罢黜百家,独尊儒术"的董仲舒那里,"正"这一原则进一步被视为"王道之端",以为王道仁政的实现始于君主的"正心"。汉武帝选举贤良文学之士,询问治国之策略,董仲舒上书说:"为人君者,正心以正朝廷,正朝廷以正百官,正百官以正万民,正万民以正四方,四方正,远近莫敢不一于正而亡有邪气奸其间者。是以阴阳调和而风雨时,群生和而万民殖,五谷熟而草木茂。天地之间,被润泽而大丰美;四海之内,闻圣德而皆徕臣,诸福之物,可致之详,莫不毕至,而王道终矣。"自从汉武帝采纳了董仲舒的建议,将儒学确立为治理国家的基本思想后,儒家的政治实践就尤其重视君主德行的提高,这一点,不仅儒者提倡,有为之君主也认同。推崇儒家之治的唐太宗就深有体会地说:"若安天下,必须先正其身。"到了程朱理学那里,"格君心之非"成为士大夫劝谏国君的首要内容。朱熹就认为,天下之事,变化无穷,而其源头则"无一不本于人君之心者",所以他希望君主应该拥有"公平正大,无偏党反侧之私"的心术,以此作为治理天下之纲纪。

为政以正的第二层含义是正名。齐景公向孔子讨教为政的方法,孔子回答说要"君君、臣臣、父父、子子",说的是君主要做好君主的本分,臣子要做好臣子的本分,父亲有父亲的责任,子女有子女的义务。齐景公感慨地说:"确实是这样。如果君不君,臣不臣,父不父,子不子,虽有食物,我却如何能够吃到?"荀子也说:"兼足天下之道在明分。""明分"有两层含义,一是明确人们之间尊卑贵贱的等级关系,实现群居合一;二是明确人们的职责,使人各守其责,此即

明代《圣迹之图》之《丑次同车》
公元前496年,卫灵公与夫人南子同车,让孔子坐车招摇过市。卫灵公(公元前540~前493年),名姬元,春秋时期卫国君主。宠爱男宠弥子瑕,史上著名昏君之一

所谓"明分职,序事业"。所以不同的身份有不同的行事原则,不同的职位有不同的道德标准,当政者必须明白自己的身份和职能,做符合自己名义的事,朱熹说这是"人道之大经,政事之根本"。

春秋时期,礼坏乐崩,君不君,臣不臣,臣下犯上作乱者时有发生,所以当子路问孔子如果为政首先要做的第一件事是什么时,孔子回答说:"必须正名。名不正,则言不顺;言不顺,则事不成;事不成,则礼乐不兴;礼乐不兴,则刑罚不中;刑罚不中,则民无所措手足。"那么在孔子这里,正名的具体要求是什么?《大学》说:"为人君,止于仁;为人臣,止于敬;为人父,止于慈;与国人交,止于信。"就当政者而言,国君与大臣都有各自的本分:国君为一国之主,拥有生杀予夺的大权,所以必须要有爱人之仁心,孟子就主张国君应该行仁政,仁政的核心精神就是"以不忍人之心,行不忍人之政",不忍人就是爱人;做臣下的辅助国君治理百姓,制定符合国情的大政方针来管理国家,圣贤之君需要贤明大臣的帮助,而昏庸之君主更需要贤明大臣的辅佐。卫国国君卫灵公是一个昏聩无道的君主,但卫国却没有在他当政时亡国,孔子认为,这是因为卫国有贤臣仲叔圉治宾客、祝鮀治宗庙、王孙贾治军旅,所以不会亡国。历史上的许多昏君之所以没有当成亡国之主,就在于有贤臣辅佐。

儒者常说"孔子作《春秋》而乱臣贼子惧"。孔子作《春秋》,主张"正名"。这一主张最主要的一点是君臣关系必须正当合理。儒家对待君臣关系的总原则是"君臣有义",所谓"义"就是"君仁臣忠"。君对臣要仁爱,臣对君要忠诚。如鲁定公问:"君如何使臣,臣如何事君?"孔子就回答说:"君使臣以礼,臣事君以忠。"到了孟子那里,说得更直接,一个原则就是君如何对待臣,臣也就如何对待君:"君之视臣如手足,则臣视君如腹心;君之视臣如犬马,则臣视君如

屈原行吟图

屈原（公元前340～前278年），名平，字原，楚武王熊通之子屈瑕的后代。公元前278年，秦国攻破了楚国国都郢都。当年五月五日，屈原在绝望和悲愤之下怀抱大石投汨罗江而死。端午节，据说也是由此而来

国人；君之视臣如土芥，则臣视君如寇雠。"在早期儒学还并没有成为当政者的执政纲领时，孔孟等人在讨论君臣关系时，强调君臣之关系的双向性，认为他们是一种相互依赖、相互制约、相互协作的对等关系。这也与当时的社会大环境有关，春秋战国是一个人才流动非常频繁的时代，当时人的从政理念是"君择臣，臣亦择君"，所以才有了孔子的周游列国。而随着儒学成为国家的执政纲领后，社会更强调"臣忠"的一面，主张为臣子的，不能事二主，国君有难，必须尽忠，尤其把谋朝篡位作为十恶不赦的罪行看待。屈原投江，苏武牧羊，岳飞蒙冤……这些人因此成为历史上忠臣的典范。

2. 仁民济众

"德政"不仅仅强调执政者自身需要培养良好的德性,更要求执政者在管理民众的具体实践中贯彻着"德"的精神,所以"为政以德"在管理民众的实践过程中遵循着一个根本原则——"仁民济众"。

"仁民济众"的一个思想基础是"民意即天意"。中国哲学讲究"天人合一",所以儒家在谈政治时也喜欢把"君"与"天"联系在一起。"天"即上帝,主宰着神的世界与人间世界;"君"即天子,是上帝的儿子,遵从天的旨意代表上帝治理万民,如二程说:"天为万物之祖,王为万邦之宗……王者体天之道,则万国咸宁。"那什么是天道?儒家认为天道即人道,而人道即百姓之道,如《尚书》说:"天矜于民,民之所欲,天必从之。""天视自我民视,天停自我民听。"天的意志就是民众的意志,天的愿望就是民众的愿望,天的反应就是民众的反应,天命是通过民心体现出来的,所以天心即民心。上天爱护民众,为了保护百姓,所以才设立国君与百官来管理社会,既然天是爱民的,所以执政者的执政理念当以"爱民"为先,执政为民。而如果执政者不能爱民时,上天就会降下灾祸警告执政者。据史书记载，天灾往往是上帝对君主执政有失的惩罚，每当天灾严重时，当皇帝的就需要下"罪己诏"，承认自己德行的不足与执政的缺失，希望通过反省自检消除天灾，祈求上帝不要降罪于百姓，这"罪己诏"里往往会有"朕躬有罪，无以万方；万方有罪，罪在朕躬"一类的话，说的就是执政不当导致灾害频生，是我这国君的罪过，不要涉及百姓；如果百姓做错了事，是因为我这当国君的没有担当好管理民众的重任，所以责任在我，上天如果要惩罚，请惩罚我一人。"罪己诏"与其说是给上天看的，不如说是给百姓民众看，表示执政者以民为本的拳拳爱民之心。在儒家这里，执政者必须有"为民父母"的角色意识，《大学》中说百姓喜欢的我也喜欢，百姓厌恶的我也厌恶，这就是所谓的"为民父母"。王夫之说："人君当行仁义，自是体上天命我作君师之心，而尽君道以为民父母，是切身第一当修之天职。"

"仁民济众"的另一个理论基础是"民本思想"。《尚书·五子之歌》说"民为邦本，本固邦宁"。孟子说："民为贵，社稷次之，君为轻。"荀子则说："君者舟也，民者水也。水则载舟，水则覆舟。"君主的施政必须获得民众的支持，否则国家就不能正常地运作下去。所以，尽管儒家往往也把从事体力劳动的"民"鄙称为"小人"，但也不得不承认这一点：不是统治者养活了老百姓，而是老百姓养活了统治者，如王安石所说："百姓所以养成国家也，未闻以国家养成百姓也。"百姓是国家的基石，无数次的历史经验证明，"顺民心者昌，逆民心者亡"。

那么如何落实"仁民"的为政原则？儒家提出了具体的方针：

首先，得民。执政必须得民心、顺民意。聪明的执政者要使施政方针真正有益于百姓，在涉及重大问题时，必须考虑民众的选择，听从民众的意愿，所谓"得民心者得天下"，王道仁政以得民心为本。

孟子就特别强调"民意"的重要性，他认为一个人是否贤能，是否该杀，不能只听从左右亲近大臣等人的意见，更应该征求国人的意见。国人皆曰贤，然后察之，见贤然后用之；国人皆曰可杀，然后察之，见可杀然后杀之。这样的执政者才能真正地顺从民意，为民父母。此外，得民还需要执政者讲诚信获得百姓的信任。孔子说："信则民任。"只有得到百姓的信任，才能得到百姓的任用。秦孝公用商鞅变法，新法各项法令都已经制定完备，还没有公布，怕百姓不相信，就在国都的南门竖起一根三丈长的木头，招募百姓中能把木头搬到北门的人赏给十金。百姓觉得这件事很奇怪，没人敢动。又宣布能把木头搬到北门的人赏五十金。有一个人把它搬走了，当下就获得了五十金。以此表示令出必行，绝不欺骗百姓。然后颁布了新法，百姓信任拥护。

其次，爱民。就是执政要为民着想，关心人民之疾苦，满足人民之生活需求。"爱民"是"仁者爱人"的精神在政治生活中的具体运用，直接体现"爱民"的就是孔子反对"死刑"而主张德治。季康子向孔子请教如何治理百姓，问："如果杀掉犯罪无道的人来成全无罪有道的人，这样的治国政策可不可行？"孔子说："治理国家，哪里用得着杀戮的手段呢？只要执政者心里装着老百姓，想着行善，老百姓也就会跟着行善的。"对于犯了过错的人，孔子希望能够给予改过自新的机会，"不教而诛"这是暴政的先导，当政者一定要切记切记。此外，孔子主张爱民就应该"博施于民而能济众"，执政者如果能够做到这一点，就不单单可以说是"仁"了，而是已经达到了如尧舜般圣王的地步。

到了孟子那里，"仁政"思想的核心也恰恰就是"爱民"，不忍人之心就是爱民之心，夏商周三代之所以得到了天下，是因为开国君主能够爱民，施行仁政，而所以亡国就因为末代君主不能爱民，反而施行暴政。所以国家废兴存亡的道理就在这里："天子不仁，不保四海；诸侯不仁，不保社稷；大夫不仁，不保宗庙；士庶人不仁，不保四体。"因此孟子主张为政者要"仁民爱物"。如何"仁民"？孟子认为：

（1）要与民同甘共苦，利济苍生。从梁惠王喜欢音乐这件事上，孟子循循善诱，提出了"独乐乐"不如"与人乐乐"，"与少乐乐"不如"与众乐乐"的建议，得出了"与民同乐"才能王天下的结论。君主"好货"、"好色"，这些不是毛病，是人之常情，只要能够让天下百姓也有吃有穿，婚姻美满，百姓就没有怨言。为政者追求自己快乐的同时，也能够让百姓快乐，这才是最大的快乐。孟子的"乐以天下，忧以天下"的精神为历代推崇王道仁政的文人士大夫所欣赏，引起了许多人的共鸣。白居易的"丈夫贵兼济，岂独善一身"、杜甫的"安得广厦千万间，大庇天下寒士俱欢颜，风雨不动安如山，呜呼，吾庐独破受冻死亦足"、范仲淹的"先天下之忧而忧，后天下之乐而乐"、文天祥的"但愿天下人，家家足稻粱。我命浑小事，我死庸何伤"、魏源的"不忧一家寒，所忧四海饥"等，这些不正是儒家"利济苍生"的最好写照吗？

（2）行推人之恕道，推恩保民。所谓"推恩"，就是为政者将爱己之心推及百姓。孟子告诉齐宣王要"保民而王"，齐宣王问："如何保民？"孟子建议从推己及人的推恩开始，为政者能够"老吾老，以及人之老；幼吾幼，以及人之幼"，治理天下就像在手心里转动东西那么简单。古代的圣贤之所以远远地超越一般人，没有别的诀窍，只是他们善于把自己的好行为推广到全天下而已。当政者若能"发政施仁"，让全天下的百姓都得到恩惠，那么天下人就皆欲归附于他。既然全天下人都愿意与这样的当政者亲近，那么王天下自然就是水到渠成的事了。

（3）反对肆意杀戮无辜的当政者。孟子说："行一不义，杀一不辜而得天下，皆不为也。"国君如果肆意杀戮无罪大臣，就不能要求臣子还遵从"忠义"的要求而效忠国君；当政者如果肆意杀害无罪百姓，就不要抱怨百姓起来反抗推翻他。

（4）从救济生活苦难者开始。社会上生活困难的人有四类：老而无妻的鳏夫、老而无夫的寡妇、老而无子的孤独老人和幼而无父的孤儿，这四类人是"天下之穷民"而没有任何依靠者，发政施仁必须从妥善安顿这四民开始。

再次，富民。即要丰富老百姓的物质生活，使百姓过上无忧的富足生活，也就是要"养民以惠"，治理百姓要使他们获得利益实惠。孔子在回答子路关于如何执政问题时提出了三项基本原则："足食"、"足兵"、"民信之"。在回答冉有同样的问题时也提出了"先富之，后教之"的原则。孟子的富民主张也是要求执政者必须做到"仰足以事父母，俯足以畜妻子，乐岁终身饱，凶年免于死亡"，如果做到了这一点，王道仁政也就可以说是真正实现了。荀子也主张富国的基础是富民，他对富民的要求是"足食"、"足用"、"足材"而"有余"，要让老百姓获得充足的生活资料，他们才不会为了生存下去而追逐物质，放纵私欲，国家才能稳定富强。

那如何富民？儒家提出了几项基本的主张：一、要制民之产。衣食是生存的根本，富民就需要让老百姓拥有能够满足物质生活需要的"恒产"，如孟子就说当政者应该让老百姓有个家，有些田，再养些鸡鸭牛羊，做到"老者衣帛食肉，黎民不饥不寒"。二、要使民以时。国家的建设包括国防保障等都需要百姓的力量，而农业生产又是季节性的，所以在使用百姓时必须遵守农业生产的规律，不能耽误农时。孔子要求执政者要"使民以时"。荀子也说：春耕、夏耘、秋收、冬藏，这四项农事让百姓按时完成，才能五谷不绝，老百姓在满足食物需要之余还能改善生活。三、要轻徭薄赋。徭役是国家免费征用百姓人力的无偿劳作，徭役过多，会使百姓疲惫并耽误农时；赋税过多，超出了百姓的承受范围，就会给百姓带来沉重的生活压力。孔子有"苛政猛于虎"的愤慨；孟子有"易其田畴，薄其税敛，民可使富"的劝谏；荀子有"轻田野之民，平关市之征，省商贾之数，罕兴力役，无夺农时，如是则国家富矣"的"以政裕民"主张。四、要克勤克俭。当政者要勤于政事，为百姓造福，更要勤俭节约，节省物力，不与民争利。对于统治者来说，"尔食尔用，民脂民膏"，向百姓索取的越多，生活越奢侈无度，百姓生活就越困苦，民心就越不安，政治就越不稳固，所以孔子把"节用"视为统治者最重要的施政方针之一，荀子更是反复强调说要想富国就必须"开源节流"、"节用裕民"。所以《大学》说："生财有大道：生之者众，食之者寡；为之者疾，用之者舒，则财恒足矣。"

历朝历代，当政者奢侈无度，与民争利，往往激起民变，成为统治被推翻的重要诱因。北宋徽宗赵佶极度腐败，生活骄奢淫逸，挥霍无度，酷爱花石。最初，奸臣蔡京取江浙花石进呈，后来，规模越来越大，他主持苏杭应奉局，专门索求奇花异石等物，运往东京开封。这些运送花石的船只，每十船编为一纲，从江南到开封，沿淮、汴而上，舳舻相接，络绎不绝，故称花石纲。花石纲之扰，波及两淮和长江以南等广大地区，而以两浙为最甚。听说哪个老百姓家有石块或者花木比较精巧别致，差官就带了兵士闯进那家，用黄封条一贴，算是进贡皇帝的东西，要百姓认真保管。如果有半点损坏，就要被派个"大不敬"的罪名，轻的罚款，重的抓进监牢。有的人家被征的花木高大，搬运起来不方便，兵士们就把那家的房子拆掉，墙壁毁了。差官、兵士乘机敲诈勒索，被征花石的人家，往往被闹得倾家荡产，卖儿卖女，到处逃难。

宋徽宗曾得太湖石，高四丈，载以巨舰，役夫数千人，所经州县，有拆水门、桥梁、凿城墙以过者。应奉局原准备的船只不能应付，就将几千艘运送粮食的船只强行充用，甚至旁及商船，造成极大危害。而官吏一伙也乘机敲诈勒索，大发横财，给东南人民造成极大灾难，成为激起方腊起义的重要原因之一。花石纲前后延续20多年，以政和年间(1111～1117年)为最盛，《宋史》记载花石纲之役："流毒州县者达二十年。"

最后，教民。重视教育是儒家德治的重要内容，儒家在富民的基础上强调要"教民"，孟子认为"教民"就是"仁政"的基本要求之一，他说："不教民而用之，谓之殃民。殃民者，不容于尧舜之世。"善政，不如善教之得民也。善政民畏之，善教民爱之。善政得民财，善教得民心。"教民"包含两层意思：

一是思想文化教育，让百姓能够理解和执行各项国家政策，孔子就说："民可，则使由之；不可，则使知之。"例如儒家是坚决反对"不教而杀"的。如果百姓犯了罪，当政者只会用刑法去惩罚他，而没有教育百姓使之明白为什么会犯错，这在儒家看来，不是管理百姓的正当方法。刑法只会约束人的行为，只有教育百姓让他明白为什么错了，才能有羞耻感，真正杜绝犯罪行为。孔子就说："道之以政，齐之以刑，民免而无耻；道之以德，齐之以礼，有耻且格。"当然，在儒家的具体实践中，并不是说只要教育而不要惩罚，"不教而杀"就变成了"先教后杀"。荀子就提倡这样的为政理念，"不教而诛，则刑繁而邪不胜；教而不诛，则奸民不惩。"

二是伦理道德教育，让百姓提高道德水平，可以树立良好的道德风气，使人知道爱亲敬长，这样，我们的社会才会成为一个温情脉脉的大家庭。儒家的教民政策就注重这一点。孟子说："人之有道也，饱食暖衣逸居而无教，则近于禽兽。圣人有忧之，使契为司徒，教以人伦。父子有亲，君臣有义，夫妇有别，长幼有序，朋友有信。"荀子也说国家应该设立大学和各级学校，以"六礼"、"七教"教导百姓。所谓"六礼"，即冠、婚、丧、祭、乡饮酒、相见等不同场合的具体礼仪；"七教"指父子、兄弟、夫妇、君臣、长幼、朋友和宾客等七种人际关系的纲常伦理。

3. 尊贤使能

"21世纪最贵的是什么？人才！"随着电影《天下无贼》的热播，这句话也成为时下人们耳熟能详的流行语、口头禅。对于一个想要干一番事业的人来说，获得人才最重要，不是有"一个好汉三个帮，一个篱笆三个桩"这句俗语吗？所以，为了更好地管理国家，儒家主张"贤能政治"，《尚书》就说"建官惟贤，位事惟能"。品德高尚谓之贤，做事干练谓之能，"尊贤使能"就是在管理国家的过程中重视和任用有道德、有才能的人。

管理国家为什么需要"尊贤使能"？历览各代政事，皆由用人得宜而兴，皆由用人失当而废。人才在事业兴亡中往往起着极为关键的作用。领导之责，首在用人。用人得当，事业兴盛；用人失察，事业受损甚至遭受失败。"三顾茅庐"的典故恰恰说明当政者对人才的重视程度。而孔子则认为，选贤举能是获得民众拥护的基本方针。鲁哀公问：如何才能让百姓信服和拥护？孔子说："举直错诸枉，则民服；举枉错诸直，则民不服。"大意就是说：提拔正直有才能的人取代谗曲无能之辈，人民就会信服；反之，则不服。当然，对于国君来说，不可能知道国家里全部的贤良之才,所以就需要那些辅佐国君治理国家的官员能够举荐贤才,儒家推崇那些在举荐人才时一心为公的做法。晋平公在位时,一次,南阳县缺少一个县令。于是,平公问大夫祁黄羊,谁担任这个职务合适。祁黄羊回答说:解狐可以。平公听了很惊讶,说:解狐不正是你的仇人吗?你怎么推荐仇人呢?祁黄羊答道:您是问我谁担任县令这一职务合适,并没有问谁是我的仇人。于是,平公派解狐去任职。果然不出祁黄羊所料,解狐任职后为民众做了许多实事、好事,受到南阳民众的拥护。又有一回,朝廷需要增加一位军中尉,于是平公又请祁黄羊推荐。祁黄羊说:祁午合适。平公不禁问道:祁午是你的儿子,难道你就不怕别人说闲话吗?祁黄羊坦然答道:您是要我推荐军中尉的合适人选,而没有问我儿子是谁。平公接受了这个建议,派祁午担任军中尉的职务。结果祁午不负所望,干得也非常出色。孔子听了以后,感慨道:真是好啊!祁黄羊推荐人才,对外不排斥仇人,对内又不回避亲生儿子,真是大公无私啊!儒家强调,在举荐人才时,公正是最重要的素质。只有公正才能做到无私,才会有"无私天地宽"的豁达,才会有勇气去举荐自己的仇人。只有具有公正的品质,才能避免任人唯亲的局限,才能客观地选拔、推荐和使用人才,做到"唯才是用"。

那如何做到"尊贤使能"?儒家认为,有这样几项原则需要注意:

第一,要选拔德才兼备的人才来管理国家事务。孔子的"举直错诸枉"就包含着这样的建议,荀子也建议那些希望实现王道的当政者在任用官员时要做到"无德不贵,无能不官",也就是说,没有德行的人不能让他获得显贵的高位,没有才能的人不能让他做管理百姓的父母官。司马光曾在《资治通鉴》中对儒家的这一用人原则进行了高度概括。他认为,我们在选拔国家的管理人员时往往混淆了"德"与

"才"的性质，以至于没有分清这两者的主次和先后。才能与道德是两种不同的品德，但世俗人难以分辨出来，所以就一概归结为"贤能"，这也是很多人失去了人才的原因所在。所谓"才"，指的是一个人"聪察强毅"，所谓"德"，指的是一个人"正直中和"，二者的正确关系应该是"才者，德之资也；德者，才之帅也"。由此，在选择用人的问题上，要德才兼备，如果不能兼得，则道德优先。司马光从德才的角度区分了四类人："才德全尽谓之圣人，才德兼亡谓之愚人，德胜才谓之君子，才胜德谓之小人。"在选人问题上，如果得不到圣人、君子一类的贤德之士而予以重任，那么，与其得小人，不如得愚人。为何？因为愚人没有才能所以做不成什么坏事，但小人却会凭借才能作恶。依靠才能行善，得到的结果是善无不至；而凭借才能作恶，也会无恶不作，祸害无穷。

儒家主张在选择管理人才时要注重道德优先原则，那具体来说，做官的应该具有什么样的道德？在孟子那里，最重视的是一个"谏"字，即国君有错，臣子能够直言不讳地劝谏改错。对于国君来说，"不仁"是最大的过错，所以官员最主要的责任在于引导国君志于"仁"，如孟子所说："君子之事君也，务引其君以当道，志于仁而已。"如果国君不仁，有才能的臣子反而会使这种不仁更加扩大。孟子对这种现象是深恶痛绝的，他说："今之事君者曰：我能为君辟土地，充府库。今之所谓良臣，古之所谓民贼也。君不向道，不志于仁，而求富之，是富桀也。我能为君约与国，战必克之。今之所谓良臣，古之所谓民贼也。君不向道，不志于仁，而求为之强战，是辅桀也。"到了宋朝，吕本中著《官箴》一卷，说："当官之法，唯有三事：曰清、曰慎、曰勤。"提出了当官的应该具备"清廉"、"谨慎"和"勤勉"三种德行，这三字官箴成为后来为官者的座右铭，梁启超在《新民说·论公德》中就说:"近世官箴,最脍炙人口者三字,曰清、慎、勤。"

第二,要量才授官,知人善任。一个人有才能当然可以授予官职,但才能有大小,所以需要量才授官。关于量才授官,荀子有很好的论述。他把人才分为三等:第一等是"卿相辅佐之才",这等人懂得尊崇礼义是为了使国君地位尊贵,懂得重视人才是为了让自己的名声美好,懂得爱护百姓是为了让国家安定,懂得国家有稳定的法律是为了统一风俗,懂得崇尚任贤使能是为了增加功绩,懂得大力发展农业、抑制工商业的发展是为了增加财富,懂得不与下属争夺蝇头小利是为了国家事业的发展,懂得明确统一的度量衡是为了方便生产,这是可以做卿相辅佐君王的人才;第二等是"士大夫官师之才",这等人修养自己的美好品德,使自己的行为端正,遵守法度,重视礼义名分,没有不合正道的思想言行,忠于职守,建功立业可以流传后世,这是可以做士大夫和较低级官员的人才;第三等是"官人使吏之才",这等人忠厚、诚实、勤劳、精打细算,做事注重细节不敢遗漏丢失,这是可以做一般基层官吏的人才。荀子的主张就是认为不同的人有不同的德才,需要让他们身处合适的位置以发挥自己的能力。

那什么叫"知人善任"?这包括三层内容:一是知道哪些人是人才;二是知道这些人是哪方面或哪种类型的人才;三是知道把这些人放在什么位置上最合适,这就叫作知人善任。知人善任第一是知人,第二是善任,而善任就要量才授官,唯才所宜,把人才提拔上来后要知道如何使用他。汉高祖刘邦就曾说过:"夫运筹帷幄之中,决胜千里之外,吾不如子房;填国家,抚百姓,给饷馈,不绝粮道,吾不如萧何;连百万之众,战必胜,攻必取,吾不如韩信。"正因为刘邦知道张良、萧何、韩信是何种类型的人才,并把他们放在适宜的位置上发挥他们的才能,所以在这些人的帮助下,刘邦才能最终打败项羽。

第三，要亲贤远佞，罢黜庸才。俗话说"众口铄金，积毁销骨"。君主身边如果都是谗臣小人，贤良之士不是得不到重用而罢黜或杀害，就是被迫归隐山林。有一个"三人成虎"的故事，说的是战国时期，互相攻伐，为了使大家真正能遵守信约，国与国之间通常都将太子交给对方作为人质。魏国大臣庞恭，将要陪魏太子到赵国去作人质，临行前他对魏王说：现在有一个人来说街市上出现了老虎，大王相信吗？

魏王道：我不相信。

庞恭说：如果有第二个人说街市上出现了老虎，大王相信吗？

魏王道：我有些将信将疑了。

庞恭又说：如果有第三个人说街市上出现了老虎，大王相信吗？

魏王道："我当然会相信。"

庞恭就说：街市上不会有老虎，这是很明显的事，可是经过三个人一说，好像真的有老虎了。现在赵国国都邯郸离魏国国都大梁，比这里的街市远了许多，议论我的人又不止三个。希望大王明察才好。

魏王道：一切我自己知道。

后来，果然有大臣向魏王告庞恭的状。等庞恭陪太子回国，魏王果然没有再召见他了。

庞恭本意是举"三人成虎"的寓言提醒魏王，应明察秋毫，勿听信流言，但最终魏王还是听信谗言，远离了忠臣。荀子就对这种现象有所批评，他说现在的君主有个大毛病：让贤能的人去做事，却让不贤的人去纠正他；让明智的人去考虑问题，却用愚蠢的人去评判他；让品德美好的人去做事，却用肮脏邪恶的人去评估他。这其实就是亲近谄媚的小人，而远离贤明的人才，这样的国家是没有办法治理好的。诸葛亮在《出师表》中说："亲贤臣，远小人，此先汉所以兴隆也；亲小人，远贤臣，此后汉所以倾颓也。"历朝历代，这样的用人悲剧不断出现,后人能不引以为戒吗?

小知识◎曾国藩识人有术

一次,李鸿章向曾国藩推荐三个人才,恰好曾国藩散步去了,李鸿章示意三人在厅外等候。

曾国藩散步回来,李鸿章说明来意,并请曾国藩考察那三个人。曾国藩讲:不必了,面向厅门、站在左边的那位是个忠厚人,办事小心,让人放心,可派他做后勤供应之类的工作;中间那位是个阳奉阴违、两面三刀的人,不值得信任,只宜分派一些无足轻重的工作,担不得大任;右边那位是个将才,可独当一面,将来作为不小,应予重用。

李鸿章很吃惊,问曾国藩是何时考察出来的。曾国藩笑着说:刚才散步回来,见到那三个人,走过他们身边时,左边那个低头不敢仰视,可见是位老实、小心谨慎之人,因此适合做后勤工作一类的事情。中间那位,表面上恭恭敬敬,可等我走过之后,就左顾右盼,可见是个阳奉阴违的人,因此不可重用。右边那位,始终挺拔而立,如一根栋梁,双目正视前方,不卑不亢,是一位大将之才。曾国藩所指的那位"大将之才",就是后来担任台湾巡抚的刘铭传。

曾国藩总结自己的识人口诀是:邪正看眼鼻,真假看嘴唇;功名看气概,富贵看精神;主意看指爪,风波看脚筋;若要看条理,全在语言中。

4. 隆礼重法尚乐

"礼"、"法"和"乐"是管理国家的三种基本力量,儒家的王道德政主要就是通过这三种手段来实现的。

第一,治理国家要"隆礼"。

"礼"是人们进行自我修养所必须遵守的行为规范,也是古代帝王治理天下的得力工具。在孔子之前,已有夏礼、殷礼和周礼,这三代之礼因革相沿,到了周公时代的周礼,已经相当完备。"礼"的内容已经远远超出了作为祭神的器物和仪式这一原始意义,而渗透到了生活中的各个领域,小到人际交往的揖让进退之仪,大道经世治国之礼,无不囊括在内。作为周文化的继承者和宣扬者,孔子重视"礼"在管理国家中的政治教化作用,主张"克己复礼",施行德政要对百姓"齐之以礼",使每一个人的言行都在"礼"的范围内。在孔子这里,"礼"的核心是"君君、臣臣、父父、子子"的宗法等级秩序,强调"贵贱有等,长幼有差",对于一个处在人伦关系中的人来说,他不是君,就是臣,不是父,就是子,"礼"可以规范一个人言行举止的方方面面。

"礼"的作用如此之大,无怪乎儒家有《礼记》一书来专门阐述

后母戊鼎
后母戊鼎,是商王祖庚或祖甲为祭祀母亲戊而作的祭器,是商周时期青铜器的代表作。现藏国家博物馆

礼的性质、内容、功能等。按照《礼记》的说法,礼的功能在于"定亲疏,决嫌疑,别同异,明是非",而从政治上来说,"安上治民,莫善于礼"。在儒家看来,治理国家,管理百姓最主要的政策或手段就是"礼",荀子尤其推崇这一点,他明确地说,礼是治国安邦之本。在荀子的眼中,国之命就在于"礼",礼对于整个国家来说,就像秤对于轻重一样,就像墨线对于曲直一样,所以人没有礼就不能生活,事情没有礼就不能办成,国家没有礼就不得安宁。礼是治理社会的最高准则,是使国家强大的根本措施,因此,历代统治者都重视"礼"在治理国家中的重要作用,将"礼治"看作是治国的首选良方。

所谓"礼治",即是要人们自觉自愿地遵守宗法等级秩序和各种典章制度,使君臣上下、国家社会、家庭宗族在礼制的约束下和谐相处,使社会等级秩序有条不紊。礼用于家庭,则内外有别九族和睦;用于一乡,则长幼有伦风俗美化;用于一国,则君臣有序而政治成;用于天下,则诸侯顺服而纲纪正。只要人伦关系不紊乱,人人都能够按照礼仪的原则行事,社会就一定会大治。

第二,治理国家要"重法"。

一说到"法"作为治理国家的基本工具,我们的第一印象是法家。可以说法家的基本主张就是"法治",不过从荀子培养出韩非、李斯这样的法学大家来看,儒家对"法"作为管理国家的重要手段是认可的,只不过需要用"德"和"礼"去统率它。

儒家所说的"法"与我们现代意义上的"法"是有区别的，在儒家的使用中，可以指"法度"，是对"礼"的一种补充，起规范行为、约束人心的作用；也可以指"刑罚"，如"严刑酷法"。而从"罚"的字面含义中我们也可以看出，"法"的作用主要是惩罚，用现代的话说，它是治理国家的一种暴力工具。以王道为理想的儒家政治中，按说不应该有"刑罚"的存在，但在具体的管理事务中，"法"不仅必须，而且必要，所以往往会成为"德政"或"礼治"的一种补充、辅助手段而被运用。

孔子有这样一个希望，人与人交往中不要有"诉讼"，从表面看似乎很轻视法度，但事实上孔子并不反对法度的管理作用，也有"审法度"则四方之政可以实现的观点。只不过对于法，孔子主张的是"德主刑辅"而"宽猛相济"的原则，例如他说过这样的话：如果政策宽松，那么百姓就会怠慢，所以需要用严厉的刑法进行纠正；如果刑法过于严厉，百姓就会普遍地受到伤害，所以就需要再将政策放宽些，如此施政，才能政通人和。设置刑法的目的不仅在于惩罚犯罪，更重要的是要教化人心，预防犯罪，所以孔子反对"不教而诛"，孟子也主张"省刑罚"，把"不教而诛"的政治称为"虐政"。在孔孟看来，刑法应该由"德"去统帅，只有这样，才能防止刑法走向"严刑酷法"的一面。在"德"与"法"之间，应该以"德"为本为先，法治应该建立在德治的基础上。

与孔孟相比，荀子则明确提出"重法"的主张。他把"礼"和"法"看作是治理国家、管理百姓必须的方针政策。礼的手段是教化，法的手段则是禁止。君主管理国家，必须彰明礼仪去教化民众，建立法治去管理人民，加重刑罚去约束人民，使天下人都能遵守秩序，做到符合善良的标准，这就是圣明帝王对法治与礼仪的运用。所以，荀子十分看重法在禁止犯罪、惩治恶人中的作用，对于那些犯罪的人，要待之以刑；对于那些违法的人，要诛之以刑；对于那些罪大恶极者，要明正典刑。小到个人，大到社会，法律都有其存在的必要性，没有法律，个人的欲望得不到限制，恶人得不到惩罚，混乱的社会秩序就不能够拨乱反正，所以一个健全合理的社会必须有法律作为保障。既然治理国家要运用礼和法两种手段，那就存在着一个谁更重要的问题。在这一点上，荀子坚持了儒家的一贯立场，更重视礼的作用，把礼看作是法的纲领，认为没有礼，也就没有法，违背了礼，也就无视法，所以荀子的态度是礼主德辅。

自汉以后，帝王治世方法上基本都遵循了荀子"隆礼重法"的原则，其中，礼治是王道的特征，而法治则是霸道的表现，"隆礼重法"实际上就是"王霸并用"。关于这一点，汉朝的汉宣帝就看得非常明白。汉宣帝是汉武帝晚年因"巫蛊之祸"而流落民间的皇曾孙，是一位从牢狱和民间走上皇位的帝王，他对于如何治理国家有着清醒的理解。他的太子也就是汉元帝，柔仁好儒，看到皇上任用的大臣多善法治，以刑治国，常对侍从说："陛下持刑太深，宜用儒生。"汉宣帝就教育他说："汉家自有制度，本以霸王道杂之。奈何纯任德教，用周政乎！"后人将这样的治国理念概括为"汉家制度，王霸杂用"，为历朝历代因循沿用。

第三，治理国家要"尚乐"。

儒家往往"礼乐"并称，认为乐也是管理国家的一项有效手段。"乐"是儒家六艺之一，是一项提升人类性灵、涵养道德情操的高尚艺术，孔子就非常重视，说君子"成于乐"，曾专门学习过音乐，也曾在齐国听闻韶乐，而有三个月不知肉味的美好体验。儒家重视"乐"，在于乐更能够凝聚人心、移风易俗,是经纶国家之大本,如《孝经》就说:"移风易俗,莫善于乐。"

"乐"是什么?荀子说:"夫乐者,乐也。人情之所不可免也,故人不能无乐。"音乐是人们用来表达喜乐之情的,是人的性情中所不可能去除的,因此人不能没有音乐。音乐在人的歌唱中,在手舞足蹈中表现出来,所以,人的所作所为,声音、举止、动静、性情、动机等的变化都可以表现在音乐中。正如《礼记·乐记》所说的,"乐"是起于人心的感动,如果心中有悲哀,所发出的声音必然急促而低沉;如果心中有快乐,所发出的声音必然振奋而奔放;如果心中有愤怒,所发出的声音必然粗犷而激越;如果心中有崇敬,所发出的声音必然庄重而正直;如果心中有爱恋,所发出的声音必然和顺而温柔。也就是说,心中有什么样的情感,必然会有与之相应的音乐,通过音乐,我们可以看到一个人内心深处最真的东西。

乐反映了人心,所以音乐之道是与伦理相通的。《乐记》说,单知声而不知音的,是禽兽;知音而不知乐的,是普通百姓。唯有君子才懂得乐。所以详细审察声以了解音,审察音以了解乐,审察乐以了解政治情况,治理天下的方法也就完备了。政治的好坏可以通过人心的反应来判断,而人心又可以通过音乐表现出来:"治世之音安以乐,其正和;乱世之音怨以怒,其正乖;亡国之音哀以思,其民困。声音之道,与政通矣。"即是说:世道太平时的音中充满安适与欢乐,其政治必平和;乱世时候的音里充满了怨恨与愤怒,其政治必是倒行逆施的;灭亡及濒于灭亡的国家其音充满哀和愁思,百姓困苦无望。声音的道理,是与政治相通的。可以说音乐是一个国家政治情况良好与否的晴雨表。

所以儒家主张"以乐治世",那如何做到这一点?荀子的建议是:

首先，乐须正音。音乐之道与政治相通，所以国家提倡的音乐必须讲究，需用那些表达健康思想的音乐，如《雅》、《颂》之乐等。古代帝王创作《雅》、《颂》，就是希望用音乐来表达真、善、美，希望音乐的声音能够中正平和而不淫荡，歌词不花哨，使那些邪恶肮脏的风气不能与民众接触。音律不管是婉转，还是悠扬，不管是清脆利落，还是圆润丰满，都能感动人心，使人有行善之觉悟，让社会的邪风恶气不能与人心接触。所以《雅》、《颂》之声就是先王所树立的正音正乐的典范，音乐必须用健康的思想去指导，也就是孔子说的"思无邪"。其次，乐须节制。荀子看重音乐"入人也深"、"化人也速"、"善民心"、"移风易俗"的治世功能，反对"非乐"、"反乐"的言论，但他仍然提醒人们，乐也是不能过度的。疯狂的乐，过度的乐，不但不能起到教化人心、移风易俗的功能，反而还会使人心丧乱，所以音乐不能过度，须要节制。再次，须"禁淫声"。不良的音乐具有不良的社会效应，邪污的乐曲会污染人的情感，老百姓听了会变得庸俗放荡，道德败坏。老百姓的道德败坏了，社会上就容易产生混乱争斗，国家就会有灭亡的危险。古代的亡国之君，如桀纣等，虽不能把他们败亡的原因全部归之为沉醉淫声淫乐中，但他们对不良音乐的纵容和提倡，无疑败坏了政治风尚与社会风气，加速了他们的灭亡。无怪乎当孔子听到"郑声"乐而有淫时，便要极力反对了。

九 君子理想与圣人气象

践履"修己安人"是为了成人。人应该成为什么样的人?儒家有许多说法,如"大人"、"贤人"、"豪杰"、"大丈夫"、"仁人"、"君子"和"圣人"等,都可以说是儒家希望成就的理想人格,其中,儒家谈得最多的是"君子"和"圣人"。

1. 夫子眼中的"君子"形象

在孔、孟、荀等早期儒者那里，他们虽也主张人人应学做圣人，但正如孔子所说的，"圣人"是尽善尽美，高不可攀的，需要做到"博施于民而能济众"。可是，这样的圣人连"尧舜其犹病诸"，都有所欠缺，一般人更是望尘莫及，所以孔子的理想是做"君子"，谆谆教诲自己的弟子要做"君子儒"。他说："圣人吾不得而见之矣，得见君子者，斯可矣。"孔子与子路在讨论如何是"君子"这一问题时，孔子提出了三个原则，即"修己以敬"、"修己以安人"、"修己以安百姓"，实际上，"安人"、"安百姓"说的不就是"博施于民而能济众"吗？可见，孔子的君子理想一点也不低于他对圣人的规定，弟子子贡就以为孔子做到了"圣"："学不厌，智也；教不倦，仁也；仁且智，夫子即圣矣！"后来，在读书人的心目中，孔子就是"至圣先师"。

在孔子那里，"君子"与"小人"相对，提到君子，孔子有许多具体的规定：

第一，居仁行义。君子怀德有仁，如孔子说："君子去仁，恶乎成名？君子无终食之间违仁，造次必于是，颠沛必于是。"君子喻于义，义是君子行事的原则，如孔子说："君子喻于义。"君子以仁义为本，躬行忠信，如孔子说："君子义以为质，礼以行之，孙以出之，信以成之。"君子务守孝悌，孝敬父母，友爱兄弟，如孔子说："君子笃于亲。"君子与朋友交，能够做到言而有信。君子应该言行如一，"耻其言而过其行"。

第二，仪态端庄。君子按照礼仪的要求行事，注重言行举止符合礼法，是"礼以成之"。如曾子说："君子所贵乎道者三：动容貌，斯远暴慢矣；正颜色，斯近信矣；出辞气，斯远鄙倍矣。"即是说君子应当重视的道有三个方面：使自己的容貌庄重严肃，这样可以避免粗暴、放肆；使自己的脸色一本正经，这样就接近于诚信；使自己说话的言辞和语气谨慎小心，这样就可以避免粗野和背理。君子须"克己复礼"，具体来说就是"非礼勿视，非礼勿听，非礼勿言，非礼勿动"。君子须有威严，望之俨然有威仪，如孔子说："君子不重则不威。"所以一说到君子，我们的第一印象往往就是仪态端庄，整齐严肃。荀子那里，关于君子的仪表就有明确的要求，他说士君子的仪容应该是这样的：帽子高高竖起，衣服宽宽大大，面容和蔼可亲，庄重、伟岸、安泰、潇脱、宽宏、开阔、明朗、坦荡，这是做父兄的仪容。帽子高高竖起，衣服宽宽大大，面容谨慎诚恳，谦虚、温顺、亲热、端正、勤勉、恭敬，追随左右，不敢正视，这是做子弟的仪容。

第三，慎独省错。君子是正走在成为圣人路上的人，所以君子也有可能犯错。对于过错，君子坦荡荡，坦然面对，如孔子说："君子不忧不惧。"不忧不惧是因为君子讲求慎独，能够内省不疚，既然内省不疚，又何忧何惧？对于过错，君子不隐瞒，勇于改正，如子贡说："君子之过也，如日月之食焉：过也，人皆见之；更也，人皆仰之。"

第四，学以致道。君子固守正道，不会为了私利私欲而不顾是非，也不会为了信用而不顾是非。如孔子说："富与贵是人之所欲也，不以其道得之，不处也；贫与贱是人之所恶也，不以其道得之，不去也。"又说："君子贞而不谅。"君子把道义看得比生命更重要，所以君子是"谋道不谋食"、"忧道不忧贫"的，对于道义和真理，君子坚持，并愿意为之献出生命，孟子所谓的"舍生取义"、"杀身成仁"都是君子这一特征的体现。君子好学不倦，以求道为最高目标，所以"君子食无求饱，居无求安，敏于事而慎于言，就有道而正焉，可谓好学也已"。如孔子就说："朝闻道，夕死可矣。"君子能安贫乐道，如夫子曾这样赞扬他最爱的弟子——也就是被我们后世尊为"复圣"的颜回："贤哉，回也！一箪食，一瓢饮，在陋巷，人不堪其忧，回也不改其乐。贤哉，回也！"君子不但要质朴，也需要文理塑造。如孔子所说："质胜文则野，文胜质则史。文质彬彬，然后君子。"说到文质彬彬，我们马上会想到"伪君子"，伪君子表面上给人的印象是文质彬彬，其实骨子里却是机心奸诈，有一肚子坏水，这种人，由于善于伪装，比小人更加让人难以防备，对人的危害也最大，典型的代表就是金庸先生武侠小说《笑傲江湖》里的"君子剑"岳不群。所以儒家说到文质彬彬时，是要一个人既要"真实无妄"，做到"诚"，又能举止行为有风度，是绅士，这才是孔子所说的真"君子"。

第五，善于接人待物。君子善于团结人，却又不会相互勾结，结党营私。如孔子说："君子周而不比。""君子和而不同。"君子与人交往，能够看到别人的优点长处，不会因为别人比自己优秀就在背后说别人的缺点，如孔子说："君子病无能焉，不病人之不己知也。"也说君子"恶称人之恶者"。与人交往，要帮助人，成就人，实现共同进步，不能为了私利而打击报复别人。同时，别人的优点善良之处，我们应该鼓励和保护；别人的缺点和错误，我们也不能无视和隐瞒，这就是"君子成人之美，不成人之恶"。待人接物，不能只听他说什么，还要看他做什么，要做到"君子不以言举人，不以人废言"。此外，君子也不是滥好人，不是只会说好话的"乡愿"，也有与人为了道义或真理发生争论的时候，而这时也要有君子风度，如孔子所说："其争也君子。"

第六，尊贤惠民。君子是要安人、安百姓的，所以需要具备治国安邦的美好德行，孔子就说君子有"五美"："君子惠而不费，劳而不怨，欲而不贪，泰而不骄，威而不猛。"这五种美好品德保证君子能够治国安民。君子有治理国家的优秀才能，如孔子就说"君子之道"有四种基本素养："其行己也恭，其事上也敬，其养民也惠，其使民也义。"所以君子能够辅佐国君，治国安民。到了荀子那里，君子的这一社会责任更加突出了，往大了说，"天地生君子，君子理天地"，能够协助上天治理天地；往小了说，君子是"法之源"，所以担负着施行法律教导民众的责任。君子能够尊贤使能，鼓励好人好事，提高社会风气，如孔子说："君子尊贤而容众，嘉善而矜不能。"又说"君子之德如风"，能够移风易俗，改善风气。

此外，孔子关于君子人格的描述还有很多，如说君子有三戒："少之时，血气未定，戒之在色；及其壮也，血气方刚，戒之在斗；及其老也，血气既衰，戒之在得。"君子有三畏："畏天命，畏大人，畏圣人之言。"君子还有九思："视思明，听思聪，色思温，貌思恭，言思忠，事思敬，疑思问，忿思难，见得思义。"需要说明的是，这些规定既是对什么是"君子"的说明，也是如何成就"君子"的途径。一个人如果做到了以上几点，那么即使他自己谦虚说不是君子，社会也会认同他就是君子。

2. 知、仁、勇
——趋向君子的三达德

君子拥有许多良好的品德，孔子进行了很多具体的概括，但最具代表性的则是"知"、"仁"、"勇"这三样，即君子的"三达德"。据《论语·宪问》记载：

> 孔子说："君子道者三，我无能焉：仁者不忧，知者不惑，勇者不惧。"
> 子贡曰："夫子自道也。"

《大学》就把"知"、"仁"、"勇"三者称为"天下之达德"，孔子很谦虚，说自己还没有做到仁者不忧、知者不惑和勇者不惧，而弟子却认为这说的就是夫子自己。

那如何做到"三达德"？孔子说："好学近乎知，力行近乎仁，知耻近乎勇。"知是智慧，生而知之的人很少，大多数人是学而知之的，孔子认为自己就是个好学者。知什么？孔子说："知者利仁。"

又说:"未知,焉得仁。"所以知的即是"仁"。仁是仁爱,孔子说:"仁者爱人。"这种事不是口头说说就可以了,需要用实际行动践行它,所以说"力行近乎仁"。俗话说"人谁无过?过而能改,善莫大焉",人一生不犯错很难,关键在于是否有勇气承认错误。人也不能无耻,孟子说:"人不可以无耻,无耻之耻,无耻矣。"知道羞耻,勇于改过是一种值得推崇、夸耀的品质,要做到这一点需要极大的勇气,所以说"知耻近乎勇"。

儒家以"勇"为君子德行之一,知耻是勇的一种,却不是勇的全部。说到勇,一般来说是勇敢,往往指一种不怕困难危险和勇于牺牲的品质,比如说见义勇为等。可是如何达到"勇",儒家很讲究。孔子就反对鲁莽之勇,他认为自己的弟子子路除了勇敢之外就没有什么可以称道的品质了,而且子路太过于勇敢,孔子还屡屡劝说过他,曾对他说:"君子义以为上,君子有勇而无义为乱,小人有勇而无义为盗。"不是什么事都讲勇敢的,杀人犯敢杀人,似乎是有胆色勇气,但这不是真的"勇",真的勇是需要用到仁义之事上。荀子就把勇分为四类,他说:

> 有狗彘之勇者,有贾盗之勇者,有小人之勇者,有士君子之勇。争饮食,无廉耻,不知是非,不辟死伤,不畏众强,
> 然唯利饮食之见,是狗彘之勇也。为事利,争货财,无辞让,果敢而振,猛贪而戾,恈恈然唯利之见,是贾盗之勇也。轻死而暴,是小人之勇也。义之所在,不倾于权,不顾其利,举国而与之不为改视,重死持义而不桡,是士君子之勇也。

意思是说"勇"有狗和猪的勇敢、商人和盗贼的勇敢、小人的勇

敢和士君子的勇敢这四类。其中：争喝抢吃，没有廉耻，不懂是非，不顾死伤，不怕众人的强大，眼红得只看到吃喝，这是狗和猪的勇敢；做事图利，争夺财物，没有推让，行动果断大胆而振奋，心肠凶猛、贪婪而暴戾，眼红得只看见财利，这是商人和盗贼的勇敢；不在乎死亡而行为暴虐，是小人的勇敢；合乎道义的地方，就不屈服于权势，不顾自己的利益，把整个国家都给他他也不改变观点，虽然看重生命，但坚持正义而不屈不挠，这是士君子的勇敢。显然，荀子推崇的是士君子的勇敢。而对于今人来说，选择哪种勇敢，不是也一目了然吗？

3. 人皆可以至圣人

宋明儒者也以"做人"为人生首要问题。与先秦儒者相比，宋明儒者谈得最多的是做"圣人"，要养"圣人气象"。二程说：

> 仲尼，天地也；颜子，和风庆云也；孟子，泰山严严之气象也。观其言，皆可以见之矣。仲尼无迹，颜子微有迹，孟子其迹著。……孟子有功于道，为万世之师，其才雄，只见雄才，便是不及孔子处。人须当学颜子，便入圣人气象。
>
> 学者不学圣人则已，欲学之，须熟玩味圣人之气象，不可只于名上理会，如此只是讲论文字。

所以程颐就劝戒学者说，做"君子"不是做人的根本目标，做人就要做圣人，他说："人皆可以至圣人，而君子之学必至于圣人而后已，不至于圣人而后已者，皆自弃也。"到了理学之集大成者的朱熹那里，他也劝人做圣人："学所以求为圣人，不以是为标的，则无望走而之焉耳。"宋儒说做人就要做圣人，这实际上是对自我主体人格的高扬，是一种极高的自信。陆九渊的口号是"收拾精神，自作主宰"，他认为人人都可以做尧舜，是因为我们的"此心此道，与尧舜不异"。陈献章的口号是"天自信天，地自信地，吾自信吾"。正是出于儒者对自我人格的这种自信和高扬，终于在明末清初形成一股以李贽等人为代表的以倡导个性自由为特征的思想潮流。

宋明儒者对于"圣人"，不再如孔子那般认为高不可及，如朱熹认为不要说高了圣人，越将圣人说得低，越有意思。主张圣人也是凡人，如在王阳明那里，就说"满街都是圣人"，把成圣之路引向百姓的日用生活中，他的弟子也大力倡导这一思想，如王艮说"圣人之道无异于百姓日用"，罗汝芳则说"圣人即是常人，常人本是圣人"。

从气魄上来说，宋明儒者要高于前人，但从践行圣人的具体工夫来看，说得还是从如何做君子开始。事实上，圣人就是圆满的君子，君子是还在路上的圣人。

人人都可以成为德行俱全的圣人，这是儒家学者的理想。正如德国著名哲学家黑格尔说的："人应尊敬他自己，并应自视能配得上最高尚的东西。"

图书在版编目（CIP）数据

内圣外王：修己安人 / 隋思喜著. — 郑州：中州古籍出版社，2014.4
（华夏文库）
ISBN 978-7-5348-4642-7

Ⅰ. ①内… Ⅱ. ①隋… Ⅲ. ①中华文化 – 通俗读物 Ⅳ. ①K203-49

中国版本图书馆CIP数据核字（2014）第004731号

华夏文库·儒学书系
内圣外王：修己安人

总 策 划	耿相新　郭孟良
责任编辑	李颜垒
封面设计	新海岸设计中心
版式设计	曾晶晶
美术编辑	曾晶晶
责任印制	刘新毅
项目统筹	单占生　萧　红（执行）

出　　版	中州古籍出版社
	地址：河南省郑州市经五路66号
	邮编：450002
	电话：0371-65788693
经　　销	新华书店
印　　刷	河南新华印刷集团有限公司
版　　次	2014年4月第1版
印　　次	2014年4月第1次印刷
开　　本	960毫米×640毫米　1/16
印　　张	9印张
字　　数	60千字
印　　数	1-3000册
定　　价	23.00元

本书如有印装质量问题，由承印厂负责调换